# Tiere im Winter

◗ Entdecken und Experimentieren
◗ Mit vielen Tipps für Junior-Forscher!

**Anita van Saan**

Illustrationen von Kirsten Schlag

Hallo, mein Name ist Finn!

Ich liebe das Forschen und Entdecken in der Natur und möchte dich gerne mit auf meine Expedition nehmen. Weißt du, was eine Expedition ist? So nennt man einen Ausflug ins Freie, bei dem man eine Menge Nützliches und Verblüffendes über die Natur erfährt, zum Experten für Pflanzen und Tiere wird und eigene Nachforschungen anstellt.

Obwohl das Leben im Winter zu ruhen scheint, gibt es doch einiges zu entdecken. Schon früh am Morgen kannst du viele große und kleine Spuren im frischen Schnee entdecken. Vielleicht kannst du große Tatzen finden? Wer war das? Ein Dachs oder vielleicht sogar ein Rotfuchs?

Viele Tiere bauen sich ein Nest oder Unterschlupf um sich vor Kälte und Schnee zu schützen. Doch was ist mit all den Tieren, die das nicht können? Wie überleben zum Beispiel die Fische unter dem Eis?

Was ist eigentlich der Unterschied zwischen Winterschlaf und Winterruhe? All das und noch vieles mehr, erfährst du in diesem Buch. Jetzt schnell warm angezogen und schon geht es nach draußen in den Schnee.

Viel Freude dabei!

Wenn im Text ein schwieriges Wort auftaucht, das du nicht kennst, schau im Glossar nach (Seite 94). Dort ist es erklärt.

# Inhalt

**Tiere im Winter**

| | | | |
|---|---|---|---|
| Ist das kalt! | 4 | Igel | 68 |
| Winter-Flüchtlinge | 6 | Zwergfledermaus | 70 |
| Gegen Kälte gewappnet | 10 | Waldkauz | 72 |
| Aktiv im Winter | 15 | Mäusebussard | 74 |
| Munter bei Kälte | 18 | Amsel | 76 |
| Im Futterhäuschen | 20 | Kohlmeise | 78 |
| Winterschlaf | 22 | Buntspecht | 80 |
| Winterruhe | 24 | Stockente | 82 |
| Starr vor Kälte | 26 | Eisvogel | 86 |
| Hirsch | 30 | Erdkröte | 88 |
| Reh | 34 | Zauneidechse | 90 |
| Wildschwein | 38 | Frühlingsboten | 92 |
| Rotfuchs | 42 | | |
| Dachs | 46 | Glossar | 94 |
| Wildkaninchen | 50 | | |
| Eichhörnchen | 54 | | |
| Siebenschläfer | 58 | | |
| Biber | 62 | | |
| Maulwurf | 66 | | |

# Ist das kalt!

**Der Winter ist da.**

**Auf Gräsern, Schilf und Ästen glitzert Raureif in der Sonne. Der Atem dampft in der kalten Luft. Teiche, Weiher und Bäche sind zugefroren. Von Ästen und Regenrinnen hängen dicke Eiszapfen. Regentropfen verwandeln sich in Eiskristalle und schweben auf den Boden. Wälder, Felder, Gärten und Dächer sind in eine pudrig weiße Decke gehüllt. Schnee knirscht unter unseren Füßen. Die Kälte kriecht in die Kleider, lässt Nasen rot und Finger steif werden.**

Brrrh! Frierst du auch? Dann flugs nach Hause ins geheizte Zimmer!

Aber was machen die Tiere draußen in der Kälte? Wie schützen sie sich vor dem Erfrieren? Wo finden sie Unterschlupf? Wie wärmen sie sich auf? Und wo gibt's was zu fressen?

Die Natur hat auf diese Fragen trickreiche Antworten gefunden!

# Winter-Flüchtlinge

### Ab in den Süden.

Ist der Boden zugefroren oder von Schnee bedeckt, finden viele frei lebende Tiere kein Futter mehr. Vor allem Arten, die sich von Insekten ernähren, leiden in der kalten Jahreszeit unter Nahrungsmangel. Was tun? Vielleicht abhauen, bevor der Winter kommt? Warum nicht! Zugvögel haben sich für diese Lösung entschieden. Sie ziehen im Herbst zur Überwinterung in warme Gebiete in den Süden, in denen es auch in den Wintermonaten genügend Futter gibt. Ausgelöst wird der Vogelzug durch Hormone (Botenstoffe) im Blut der Tiere. Schon im Spätsommer fressen sie sich ein dickes Fettpolster an. Noch bevor die Laubbäume kahl sind, haben sie ihr Brutgebiet verlassen. Im Frühling kehren sie wieder zu uns zurück, denn jetzt gibt es auch hier im Norden genügend Nahrung, um die Jungen groß zu ziehen.

### Los, nichts wie weg!

Wenn es kälter wird und die Tage kürzer werden macht sich Unruhe unter den Zugvögeln breit. Manche Arten (z. B. Rauchschwalben) versammeln sich zu Trupps und ziehen schließlich gemeinsam los. Der Vogelzug verläuft über bestimmte Zugstraßen, meist in Höhen unter 1000 Metern. Kleine Vogelarten fliegen aber oft höher als 1000 Meter. Tagzieher, die tagsüber fliegen, wie zum Beispiel die Schwalben, orientieren sich an der Sonne und an der Landschaft. Nachtzieher, wie Grasmücken, Würger und Schilfrohrsänger, richten sich nach den Sternen. Auch das Magnetfeld der Erde hilft den Zugvögeln, den richtigen Weg zu finden.

### Zugvögel, z. B.:

- Rauchschwalbe
- Mehlschwalbe
- Feldlerche
- Kuckuck
- Neuntöter
- Mauersegler
- Kiebitz
- Weißstorch

**Hier siehst Du die Flugrouten von:**

- Weißstorch
- Kuckuck
- Neuntöter
- Mauersegler
- Rauchschwalbe

Winter-Flüchtlinge

Nicht alle Zugvogelarten verbringen den Winter im selben Gebiet. Hausrotschwanz, Rotmilan, Bachstelze und Kiebitz sind Kurzstreckenzieher, sie überwintern in Südwesteuropa. Langstreckenzieher wie Weißstorch, Rauchschwalbe, Mauersegler und Rohrsänger fliegen bis nach Afrika. Auf ihren Flugrouten liegen Rastplätze (z. B. feuchte Wiesen, Flussauen). Hier finden die Zugvögel Nahrung und ruhen sich aus.

Die Rauchschwalbe fliegt im Herbst nach Afrika. Im April kehrt sie zu uns in ihr Brutgebiet zurück. Dort gibt es jetzt jede Menge Insekten. Sie reichen auch für die Jungen, die ab Juni schlüpfen.

### SCHON GEWUSST?

**Schnelle Zugvögel**

Vögel, die sich das ganze Jahr im Brutgebiet aufhalten und auch den Winter dort verbringen, nennt man **Standvögel**.

**Zugvögel** ziehen zur Überwinterung in wärmere Gebiete. Die Fluggeschwindigkeit des Vogelzuges ist bei den einzelnen Arten unterschiedlich. Singvögel schaffen in einer Stunde etwa 60 Kilometer (Durchschittswert). Rauchschwalben können 44-140 Kilometer pro Stunde erreichen! Der Weißstorch fliegt bis zu 150 Kilometer am Tag.

# Gegen Kälte gewappnet

### Kuschelig, weich und warm

Wenn es draußen kalt ist, mummeln wir uns in dicke Mäntel, schlingen Wollschals um den Hals und ziehen Fellmützen über die Ohren. Auch Tiere, die den Winter hier verbringen und sich draußen aktiv bewegen wollen, müssen gegen Kälte gewappnet sein. Viele bereiten sich schon im Herbst auf die kalte Jahreszeit vor, legen Nahrungsvorräte an, fressen sich ein dickes Fettpolster an oder bauen einen vor Kälte schützenden Unterschlupf. Bei vielen Säugetieren wächst ein dichtes Winterfell, Vögel plustern bei Kälte ihr Gefieder auf. Bei einigen Arten (z. B. Alpenschneehuhn, Schneehase oder Hermelin) verfärbt sich im Winter das Fell bzw. Gefieder weiß. Eine gute Tarnfarbe im Schnee!

### Such mich! Wo bin ich?

Das Hermelin hat im Winter ein weißes Fell und ist daher im Schnee gut getarnt. Im März verfärbt sich das Fell wieder und nimmt auf der Rückenseite eine bräunlich-rote Färbung an. Wenn das Hermelin müde ist oder friert, verkriecht es sich in Felsspalten am Boden, zwischen Baumwurzeln, Holzstapeln oder in leeren Tierbauten, aber auch in Gebäuden, wo es aus Laub, Moos, Gras und Federn ein Nest anlegt.

### SCHON GEWUSST?

**Wechselwarm** nennt man Tiere, deren Körpertemperatur sich der Umgebungstemperatur anpasst. Zu dieser Gruppe zählen fast alle Fische, Frösche und Lurche, Kriechtiere, Würmer, Insekten und viele andere kleine Tiere. Lediglich Vögel und Säugetiere sind in der Lage, eine gleich bleibende Körpertemperatur aufrecht zu erhalten, sie sind **gleichwarme** Tiere. Vor Wärmeverlust bei Kälte sind landlebende Säugetiere durch ein Fell, Vögel durch ihr Gefieder geschützt. Im Wasser lebende Säugetiere (z. B. Wale, Robben) haben eine dicke, isolierende Fettschicht.

# Gegen Kälte gewappnet

Das Fell der Säugetiere besteht aus tastempfindlichen Leithaaren und Grannenhaaren. Dazwischen befinden sich sehr feine und dicht stehende Woll- oder Flaumhaare. Sie werden im Winter länger und dichter, halten die Luft fest und bilden so eine isolierende Schicht, die vor Auskühlung schützt. Auch Haustiere wie die Katze haben im Winter ein dichtes Fell. Im Frühjahr verlieren sie ihre Winterhaare (die „Unterwolle") wieder.

Das Gefieder der Vögel besteht aus Konturfedern und feinen Unterfedern, auch Daunen oder Dunen genannt. Die Daunen bilden direkt über der Haut ein flauschiges Geflecht, die Konturfedern liegen dachziegelartig darüber. Das Luftpolster zwischen den feinen Dunen schützt wie eine mollige „Winterunterwäsche" vor Kälte.

Konturfedern

Daunen

### Experiment:
### Wärmedämmung, Wärmeisolation

Wärme bewegt sich immer vom wärmeren zum kälteren Gegenstand. Mit Wärmedämmung versucht man, den Wärmefluss, der bei Temperaturunterschieden (z. B. zwischen der kalten Außenluft und der warmen Innenluft) entsteht, gering zu halten. Dazu nutzt man Materialien, die den Wärmefluss behindern. Man nennt diese zur Wärmedämmung (Wärmeisolation) genutzten Materialien Isolatoren. Schlechte Wärmeleiter und damit gute Isolatoren sind Kunststoffe, Holz, Kork und Luft. Ist ein Wollschal ein guter Isolator, der vor Auskühlung schützt? Probiere es aus!

**Du brauchst:**

2 saubere, leere Marmeladengläser mit Schraubverschluss,
1 Wollschal, 1 Wasserthermometer (Aquarienbedarf)

Gieße in jedes der beiden Gläser warmes Wasser und verschließe sie mit dem Schraubdeckel. Wickle eines der Gläser in den Wollschal, das zweite lasse stehen. Stelle beide Gläser für 30 Minuten an einen kühlen Ort (z. B. im Keller). Wenn du die Deckel aufschraubst und in jedem Glas die Wassertemperatur misst, wirst du feststellen, dass das Wasser im eingewickelten Glas nicht so stark abgekühlt ist wie im ungeschützten Glas. Die im Wollschal eingeschlossene Luft bildet nämlich ein „Wärmeschutzpolster" und sorgt dafür, dass das Wasser in der kalten Außenluft nicht so schnell abkühlt.

# Aktiv im Winter

### Nahrungssuche im Schnee

**Selbst wenn Boden, Baum und Strauch von Schnee bedeckt sind, sind die winteraktiven Tiere unterwegs auf Nahrungssuche. Durch ein wärmendes Fell oder Gefieder sind sie gut vor Kälte geschützt. Bei einem Winterspaziergang in Wald und Feld kannst du ihre Spuren im Schnee entdecken!**

### Winterfutter

Was das Futter anbelangt, sind die winteraktiven Tiere genügsam und nicht wählerisch. Allesfresser, die sich von pflanzlichem oder tierischem Futter ernähren, verschmähen in Notzeiten auch Aas und Abfälle nicht. Pflanzenfresser scharren im Schnee, um am Boden Nahrung zu finden. Viele können winterharte Pflanzenteile (wie zum Beispiel Baumrinde) verdauen, schälen im Winter Zweige ab oder graben Wurzeln aus.

### Winteraktive Tiere:

- Fuchs (s. S. 42)
- Hermelin
- Feldhase
- Baummarder
- Iltis
- Wildkaninchen (s. S. 50)
- Reh (s. S. 34)
- Hirsch (s. S. 30)

Aktiv im Winter

### Unterschlupf bei Kälte

Wenn es draußen stürmt und schneit, suchen sich die meisten winteraktiven Tiere einen windgeschützten Platz im Wald oder verziehen sich in ein kältesicheres Versteck. Kleine Tiere kriechen in Baum- und Bodenhöhlen, Ritzen oder Spalten.

Der Feldhase buddelt an einem windgeschützten Platz im Boden eine Mulde (Sasse) und verharrt dort bewegungslos, mit dem Kopf gegen den Wind. Im Winter lässt er sich sogar einschneien und von der Schneedecke wärmen. Die Schneedecke enthält nämlich Luft, die Wärme schlecht leitet und so verhindert, dass der Boden auskühlt.

**Schnee kann auch wärmen!**

### Test 1:

**Du brauchst:** Schnee, 2 Plastikbecher, gefüllt mit Wasser

Forme bei Minustemperaturen aus Schnee einen Iglu und stelle einen mit Wasser gefüllten Plastikbecher hinein. Dichte das Iglu oben ab. Stelle nun einen zweiten wassergefüllten Becher ungeschützt in den Schnee. Am nächsten Morgen wird das Wasser im Iglu noch flüssig sein, im ungeschützten Becher ist es gefroren.

### Test 2:

**Du brauchst:** 1 Thermometer

Wenn du an der Oberfläche und in einer mehr als 10 Zentimeter dicken Schneeschicht die Temperatur misst, wirst du feststellen, dass es oben kälter ist als im Schnee. Am Boden, unterhalb einer 50 Zentimeter tiefen Schneeschicht, wird es selbst bei Lufttemperaturen von unter −10° Celsius nicht kälter als 0° Celsius!

# Munter bei Kälte

### Körner im Winter

**Viele Standvögel, die den Winter hier bei uns verbringen, ernähren sich von Samen und Früchten. Manche stellen ihre Ernährung in der kalten Jahreszeit um.**

Meisen zum Beispiel fressen im Sommer Insekten und deren Larven, im Winter Körner und Samen. Nur wenn der Boden zugefroren oder dick von Schnee bedeckt ist, haben auch die Samen- und Körnerfresser manchmal Probleme, Nahrung zu finden. Wenn du im Garten Stauden und Sträucher pflanzt, die im Herbst und Winter Samen und Früchte tragen, sorgst du dafür, dass das Futter für Vögel in der kalten Jahreszeit nicht knapp wird.

Der Haussperling plustert im Winter sein Gefieder auf. Gern kommt er ans Futterhäuschen und versucht dort, die anderen Vögel zu verjagen.

### Standvögel, z. B.
- Rebhuhn
- Grauammer
- Baumläufer
- Kleiber
- Stieglitz

### Keine Lust auf Fernreisen

Wissenschaftler haben festgestellt, dass viele Zugvögel nicht mehr jeden Herbst in den Süden ziehen. Da sich die Erde immer mehr erwärmt und mittlerweile weite Flächen von Menschen dicht besiedelt sind, legen die Zugvögel inzwischen kürzere Strecken zurück oder bleiben ganzjährig im Brutgebiet.

Die Amsel zum Beispiel überwinterte bis vor 100 Jahren noch im Mittelmeerraum. Heute verbringen die Männchen den Winter bei uns. In Parks und Gärten finden sie alles, was sie zum Überleben brauchen. Man vermutet, dass viele Zugvögel ursprünglich Standvögel waren.

Der Star zieht im milderen Westen Deutschlands nicht mehr jeden Winter in den Süden. Er ist ein so genannter Teilzieher. Im Frühling brütet er in Baum-, Mauer- und Felshöhlen. Seine Nahrung besteht aus Würmern, Bodeninsekten und deren Larven, aber auch aus Früchten. Im Winter bedient er sich wie die Amsel oft am Futterhäuschen.

# Im Futterhäuschen

### Vögel beobachten!

Unsere heimischen Standvögel finden auch in der kalten Jahreszeit draussen in der Natur das Futter, das sie zum Überleben brauchen. Du musst sie im Winter nicht füttern! Doch mit einem Futterhäuschen kannst du sie auf Balkon und Terrasse locken und vom Fenster aus beobachten. Das Vogelhäuschen sollte ein großes Dach haben, damit das Futter vor Regen, Wind und Schnee geschützt ist. Seine größte offene Seite sollte nach Süden oder Osten gerichtet sein. Amseln, Sperlinge und Finken kommen regelmäßig ans Futterhäuschen. Vielleicht erscheinen sogar Rotkehlchen, Heckenbraunellen, Zeisige, Gimpel, Kleiber, Buntspechte oder Türkentauben!

### Hier gibt's was!

Mit der Winterfütterung kannst du beginnen, wenn anhaltender Nachtfrost herrscht, der Boden mit Schnee bedeckt ist und die Vögel draußen kaum noch Nahrung finden. Lege aber nicht zuviel Futter aus, weil es sonst schnell vergammelt. Küchenabfälle wie Brot, Käserinde, Kuchenreste und alles, was gesalzen oder gekocht ist, darfst du nicht verfüttern, denn sonst werden die Tiere krank!

### Prima Winterfutter für Vögel

**Körnerfresser**, wie Finken, Zeisige, Gimpel, Sperlinge, Kleiber, Buntspechte oder Türkentauben, fressen eine Mischung aus Sonnenblumenkernen (1/3), Hafer, Weizen, Mohn und Hirse.
**Weichfresser**, wie Amseln, Rotkehlchen oder Heckenbraunellen, freuen sich über Haferflocken, Rosinen oder Beeren (z. B. Holunder, Weißdorn), die du schon im Herbst sammeln kannst. Sie mögen aber auch klein geschnittene Äpfel.

### Vogelhäuschen selber bauen

In Gartenläden findest du eine große Auswahl an Futterhäuschen. Mit Hilfe eines Erwachsenen kannst du auch eines selber bauen.
**Bauanleitungen findest du zum Beispiel unter:
www.fertighaus.de/f_haus/info/vogelhaus.htm**

### Reinigung nicht vergessen!

Die Futterstelle muss jeden Tag gesäubert und von alten, aufgeweichten oder verkoteten Futterresten befreit werden! Praktisch ist es, wenn man den Boden des Häuschens mit einer austausch- oder abwaschbaren Folie auslegt. Die Reinigung sollte am besten ein Erwachsener übernehmen. Nie einen toten Vogel berühren! Und: Hände waschen nicht vergessen!

### Standvögel am Futterhäuschen, z. B.:

- Amsel (s. S. 76)
- Blau- und Kohlmeise (s. S. 78)
- Grünfink
- Sperling
- Buntspecht (s. S. 80)
- Türkentaube

# Winterschlaf

### Leben auf Sparflamme

**Wenn es draußen kalt ist, müssen wir in der Wohnung heizen. Das kostet Energie. Auch um den Körper warm zu halten ist Energie erforderlich. Diese gewinnen wir aus der Nahrung. Doch was tun Tiere, die in der kalten Jahreszeit kaum etwas zu futtern haben und nicht so einfach wegfliegen können wie die Zugvögel? Ganz einfach: Sie verschlafen den Winter und leben nur noch auf Sparflamme. Ausgelöst wird der Winterschlaf durch jahreszeitliche Veränderungen (z. B. kürzere Tage, Kälte, Schnee), durch Nahrungsmangel und durch Hormone (Botenstoffe) im Blut der Tiere.**

Schon im Herbst verkriechen sich viele Winterschläfer an Orten, die Schutz vor Kälte bieten, wie hohle Baumstämme, Höhlen, Erdgruben oder selbst gebaute Nester. Oft polstern sie sich ihren Unterschlupf zusätzlich durch Materialien wie Heu, Haare, Wolle oder Blätter aus und kugeln ihren Körper ein. Dann schließen sie die Augen und fallen in einen schlafähnlichen Zustand. Ihre normale Körpertemperatur sinkt auf Werte zwischen 9° Celsius und 1° Celsius ab. Atmung, Herzschlag und Blutumlauf verlangsamen sich. Doch die Tiere leben noch! Um Energie zu gewinnen, verbrennt ihr Körper Fett, das sich die Tiere vor Beginn des Winters angefressen haben.

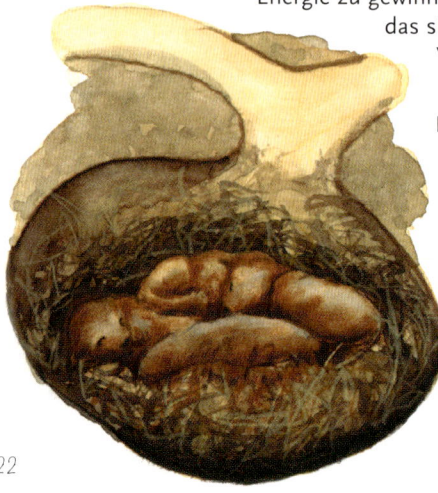

Murmeltiere leben in den Alpen. Im Winter kuscheln sie sich in sieben Meter tiefen Bodenhöhlen eng aneinander und halten gemeinsam sechs Monate Winterschlaf. Sie atmen nur noch zweimal in einer Minute, und ihre Körpertemperatur sinkt von 37° Celsius auf 5° Celsius ab. Alle zwei Monate wachen sie auf, um Kot und Urin abzusetzen.

### Winterschläfer, z. B.:

- Fledermaus (s. S. 70)
- Siebenschläfer (s. S. 54)
- Haselmaus
- Hamster
- Murmeltier
- Ziesel
- Igel (s. S. 68)

### Aufwachen! Der Frühling kommt!

Im Frühling wachen die Winterschläfer wieder auf. Gewreckt werden sie, wenn es wärmer wird und wenn sich zu viele Stoffe im Körper angesammelt haben, die der Körper nicht braucht und ausscheiden muss. Beim Aufwachen wird das so genannte braune Fettgewebe verstärkt abgebaut und dabei Wärme erzeugt. Ist eine Körpertemperatur von etwa 15° Celsius erreicht, fangen die Muskeln des Tieres an zu zittern und wärmen dadurch den Brust- und Kopfbereich.

Gefährlich wird es für Winterschläfer, wenn die Kälte sehr lange anhält. Auch Störungen können zum Tod führen, da die Tiere dann vorzeitig aufwachen und dabei ihre Energievorräte zu schnell aufgebraucht werden.

### SCHON GEWUSST?

Einen monatelangen Winterschlaf halten nur Säugetiere. Bei Vögeln, die auch zu den gleichwarmen Tieren zählen, kennt man diese Art der Überwinterung nicht. Einige Vogelarten (z. B. Kolibris und Mauersegler) fallen bei Kälte oder Nahrungsmangel jedoch für kurze Zeit in eine Art Schlafstarre mit herabgesetzter Körpertemperatur.

Kolibri

Abb. o.: Mauersegler

## FINNs TIPP!

### Körpertemperatur

Hast du eine Stoppuhr? Dann kannst du mal zählen, wie oft du in einer Minute atmest. Im Winterschlaf atmet der Igel nur noch drei- bis viermal pro Minute, im Sommer dagegen 40 bis 50 mal. Fledermäuse atmen im Zustand des Winterschlafs sogar nur einmal pro Stunde!

# Winterruhe

### Eingekuschelt dösen

**Wenn der Winter sehr kalt ist, wenn es schneit und draußen so richtig ungemütlich wird, verkriechen sich einige Tierarten in ein Quartier und halten Winterruhe. Dabei sinken (im Unterschied zum Winterschlaf) Körpertemperatur und Blutdruck nicht stark ab. Auch die Atmung ist nicht verlangsamt. Außerdem wechselt das Tier oft die Schlaflage und kann die Winterruhe jederzeit unterbrechen, um etwas zu fressen.**

Der Braunbär hält bis zu sieben Monate lang in seiner Höhle Winterruhe. In diesem Dämmerzustand lebt er nur von seinen Fettreserven. Er frisst nicht, trinkt nicht und scheidet auch keinen Kot oder Urin aus. Wissenschaftler haben im Blut von Braunbären einen Botenstoff, das Winterhormon HIT (Hibernation Induction Trigger), nachgewiesen. Es sorgt dafür, dass sich während des langen Liegens die Muskeln nicht zurückbilden.

Im Dezember und Januar, noch im Winterlager, bringt die Bärin ihre Jungen zur Welt, die zwei Jahre lang bei der Mutter bleiben. Im Alter von drei Monaten verlassen die Kleinen erstmals ihre Höhle. Bei uns in Europa gibt es heute nur noch in wenigen Gebieten wild lebende Braunbären. Aber im Zoo kannst du sie beobachten.

**Winterruher, z. B.:**

- Dachs (s. S. 46)
- Eichhörnchen (s. S. 58)
- Braunbär
- Waschbär
- Biber (s. S. 62)

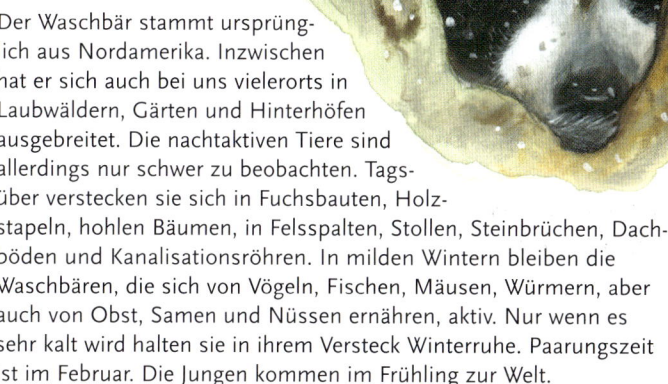

Der Waschbär stammt ursprünglich aus Nordamerika. Inzwischen hat er sich auch bei uns vielerorts in Laubwäldern, Gärten und Hinterhöfen ausgebreitet. Die nachtaktiven Tiere sind allerdings nur schwer zu beobachten. Tagsüber verstecken sie sich in Fuchsbauten, Holzstapeln, hohlen Bäumen, in Felsspalten, Stollen, Steinbrüchen, Dachböden und Kanalisationsröhren. In milden Wintern bleiben die Waschbären, die sich von Vögeln, Fischen, Mäusen, Würmern, aber auch von Obst, Samen und Nüssen ernähren, aktiv. Nur wenn es sehr kalt wird halten sie in ihrem Versteck Winterruhe. Paarungszeit ist im Februar. Die Jungen kommen im Frühling zur Welt.

### SCHON GEWUSST?

**Woher der Waschbär seinen Namen hat**

Waschbären tasten ihre Nahrung mit den Vorderpfoten sorgfältig von allen Seiten ab, oft im seichten Wasser. Deshalb dachte man früher, dass der Waschbär seine Nahrung „wäscht". Ein ganz ähnliches Verhalten zeigen die Tiere jedoch auch an Land. In Gefangenschaft gehaltene Waschbären tragen ihr Futter zu einer Wasserstelle und tasten sie dort ab.

# Starr vor Kälte

### Frostsicher im Versteck

Bei Temperaturen unter 0° Celsius verwandelt sich flüssiges Wasser in festes Eis. Auch die Körperflüssigkeit von Tieren enthält Wasser, das bei sehr niedrigen Temperaturen zu Eis gefrieren kann. Wechselwarme Tiere, die kein schützendes Fell oder Gefieder haben, wie Kröten, Frösche, Molche, Schlangen, Eidechsen oder Schnecken suchen sich in den kalten Wintermonaten frostsichere Verstecke und fallen in die Kältestarre. In diesem Zustand sind alle Lebensvorgänge gedrosselt. Die Tiere verharren bewegungslos in ihrem Quartier, die Augen bleiben meist offen. Wenn es wieder wärmer wird, erwachen sie und der Stoffwechsel wird wieder angekurbelt. Fallen die Temperaturen dagegen bis unter den Gefrierpunkt, kann das Tier nicht darauf reagieren, sondern erfriert. Gemein!

## Leben unter dem Eis

In Süßwasserflüssen und Seen sinkt die Temperatur im Winter meist nicht unter 0° Celsius. Doch auch wenn der See teilweise zugefroren ist, macht das den Fischen nichts aus. Gewässer frieren nämlich von oben nach unten zu. Unter dem Eis gibt es in tieferen Bereichen noch ausreichend flüssiges Wasser mit einer Temperatur von etwa 4° Celsius. Die Körpertemperatur der Fische passt sich dieser Temperatur an. Sie bewegen sich kaum und verbrauchen in diesem Zustand nur wenig Energie.

### Winterstarre, z. B.:

- Kröte (s. S. 88)
- Frosch
- Schlange
- Eidechse (s. S. 90)
- Blindschleiche
- Schnecke
- manche Insekten

Fische wie die Bachforelle verstecken sich im Winter in Spalten und Ritzen des kiesigen Gewässergrunds, unter Steinen und Holz. Sie dösen sozusagen im Stehen. In ihrem Ruhezustand brauchen sie die Fettvorräte, die sie sich im Sommer angefressen haben, allmählich auf. Und wenn es wärmer wird, suchen sie nach Nahrung!

Starr vor Kälte

Vor Beginn der Winterstarre scheidet die Weinbergschnecke möglichst viel Wasser aus, damit sich in ihrem Körper nicht so leicht Eiskristalle bilden können. Dann zieht sie sich an ein frostsicheres Plätzchen im Boden zurück und sondert eine Flüssigkeit ab, die an der Luft zu einem Deckel erstarrt. Der luftdurchlässige Kalkdeckel verschließt die Schalenmündung und schützt die Schnecke in ihrem Haus vor Kälte und Austrocknung. Wenn es wärmer wird, wird die Schnecke wieder aktiv, stößt mit ihrem Fuß den Deckel weg und kriecht aus dem Haus.

### Frostschutzmittel

Frostschutzmittel sind Stoffe, die den Gefrierpunkt des Wassers senken. Damit das Kühlwasser im Auto nicht gefriert, setzt man ihm im Winter das Frostschutzmittel Ethylenglykol zu. Auch Salz senkt den Gefrierpunkt. Um zu verhindern, dass sich auf Straßen und Gehwegen Glatteis bildet, streut man im Winter Salz. Probiere aus, ob es funktioniert!

**Du brauchst:** 1 Plastikteller gefüllt mit Schnee, Streusalz

Drücke draußen den Schnee auf dem Teller platt und lasse ihn bei Temperaturen weit unter 0° Celsius über Nacht draußen stehen. (Der Schnee wird zu Eis gefrieren). Wenn du Streusalz auf den gefrorenen Schnee kippst, wird der Schnee an der Oberfläche antauen und nicht mehr gefrieren. Das Salz löst sich nämlich in dem kleinen Anteil Wasser, der im Eis und Schnee immer vorhanden ist. Dabei wird die Salzlösung kälter und kann Temperaturen unter −10° Celsius erreichen. Sie gefriert erst bei wesentlich tieferen Temperaturen.

### SCHON GEWUSST?

**Frostschutzmittel im Körper**

Nicht nur einige Fischarten, sondern auch viele andere wechselwarme Tiere (z. B. Muscheln, Insekten) besitzen biologische Frostschutzmittel (z. B. Glycerin, Glykoproteine) in Blut oder Gewebe. Diese setzen den Gefrierpunkt herab und verzögern die Eisbildung. So können zum Beispiel Insekten, die in der Arktis (Nordpolregion) leben, Temperaturen von bis zu −35° Celsius aushalten ohne zu erfrieren.

## Auf einen Blick

**Artname:** Cervus elaphus
**Familie:** Cervidae (Hirsche)
**Ordnung:** Artiodactyla (Paarhufer)
**Unterordnung:** Ruminantia (Wiederkäuer)
**Klasse:** Mammalia (Säugetiere)

# Der Hirsch

*Winteraktiv*

### Winteraktiver Waldbewohner

Der Rothirsch lebt in Wäldern. Er ist Pflanzenfresser und ernährt sich von Gras, Laub, Eicheln, Bucheckern, Kastanien, Früchten und Pilzen. Im Winter sucht er nach Moos, Flechten und Heidekraut oder knabbert Knospen und die Spitzen junger Tannenzweige ab. Weil Jäger die Hirsche in der kalten Jahreszeit füttern (z. B. mit Getreide, Rüben, Kohl, Kartoffeln, Brot), haben sie sich stark vermehrt. Man schätzt, dass in unseren Wäldern heute zehnmal so viele Tiere leben wie vor hundert Jahren. Oft reißen sie die Rinde von den Bäumen und fressen sie auf. Dem Wald wird dadurch großer Schaden zugefügt, weil die Bäume faulen oder sogar absterben können.

### Leben im Rudel

Die weiblichen Tiere bilden größere oder kleinere Rudel, angeführt von einer alten Hirschkuh. Die jungen männlichen Tiere leben in eigenen Rudeln, die ältesten ziehen oft als Einzelgänger umher.

Rothirsche werden oft zusammen mit dem ursprünglich aus der Türkei stammenden Damhirsch (Dama dama) in Wildparks in Gehegen gehalten und gefüttert. Das Geweih des Rothirschs ist gegabelt, das des Damhirschs ist schaufelförmig.

### Spuren und Fährten

Beim Trittsiegel des Rothirsches nehmen die Ballen nur ein Drittel der Schalenlänge ein, beim Damhirsch die Hälfte.

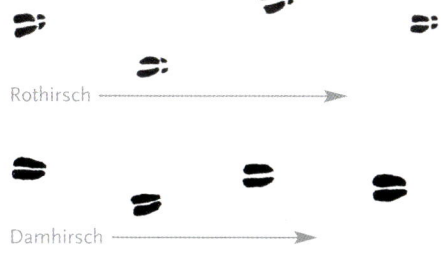

Im Sommer besteht der Kot des Rothirsches aus zusammengeballten, weichen „Bohnen", die im Winter größer sind und einzeln liegen.

Rotwildkot

Damwildkot

> **SCHON GEWUSST?**
>
> **Begriffe aus der Jägersprache**
>
> **Hirsch**: männlicher Rothirsch
> **Rottier oder Hirschkuh**: weiblicher Rothirsch
> **Hirschkälber**: Jungtiere des Rothirschs
> **Brunft oder Brunst**: Paarungszeit von Paarhufern wie Hirsch, Reh
> **Platzhirsch**: der stärkste Hirsch, der die Hirschkühe in Rudeln zusammentreibt und sie gegen Nebenbuhler verteidigt.
> **Losung:** Kot von Wildtieren

Damhirsch

### Typisch Hirsch!

- Das Fell des ausgewachsenen Rothirschs ist im Unterschied zum Damhirsch niemals gefleckt. Im Sommer nimmt es eine rotbraune, von Oktober bis Mai eine graubraune Färbung an. Das Winterfell ist dichter und schützt vor Kälte.
- „Spiegel" nennt man die Hinterseite der Schenkel, die zu allen Jahreszeiten gelblich-weiß ist.

### Ausruhen im Winter

Um Energie zu sparen bewegt sich der Rothirsch im Winter viel weniger als im Sommer und sucht nur einmal am Tag Futter. Die meiste Zeit ruht er sich an einem geschützten Plätzchen aus. Dabei schlägt sein Herz langsamer und die Körpertemperatur sinkt in der Brustbeinregion bis auf 15° Celsius.

---

**SCHON GEWUSST?**

#### Geweih

Nur männliche Rot- und Damhirsche tragen ein Geweih. Es sitzt auf dem so genannten Rosenstock. Jedes Jahr im Februar/März, nach der Brunftzeit, wird es abgeworfen und dann wieder erneuert. Im ersten Frühling bilden die männlichen Hirschkälber so genannte Spieße aus, im zweiten Frühling eine Gabel, meist sogar schon ein sechsendiges Geweih.

## Auf einen Blick

**Artname:** Capreolus capreolus
**Familie:** Cervidae (Hirsche)
**Ordnung:** Artiodactyla (Paarhufer)
**Unterordnung:** Ruminantia (Wiederkäuer)
**Klasse:** Mammalia (Säugetiere)

# Das Reh

Winteraktiv

### Leben im Wald

Das Reh lebte ursprünglich in den buschreichen Übergangszonen zwischen Wald und Steppe. Inzwischen ist es ein Waldbewohner, denn die offenen Felder und Äcker bieten nicht ausreichend Deckung und Rückzugsmöglichkeiten bei Gefahr. Die dämmerungsaktiven Tiere treten einzeln, paarweise oder im Familienverband (Sprung) auf, der aus mehreren Weibchen (Ricken) und ihren Jungen besteht. Die männlichen Tiere (Böcke) sind außerhalb der Paarungszeit (Brunftzeit) Einzelgänger und grenzen ihr Revier mit Duftmarken ab. Im Herbst und Winter schließen sich die Rehe zu größeren Rudeln zusammen.

### Futtersuche

In der Morgen- und Abenddämmerung kannst du Rehe auch in der kalten Jahreszeit am Waldrand, in Lichtungen und auf Feldern gut beobachten. Im Sommer fressen sie Gräser, Kräuter und Blätter, im Herbst Eicheln, Bucheckern, Pilze und Beeren. Im Winter scharren sie den Schnee weg auf der Suche nach Futter. Oft schälen sie Rinde von Bäumen ab, knabbern Triebe und Knospen an und können, wenn in einem Gebiet zu viele Tiere gleichzeitig leben, schädigen.

Spießer

### Wer ist hier ein Spießer?

Ein männliches Reh, das etwa ein Jahr alt ist, nennt man Spießer, da sein Geweih aus nur wenige Zentimeter langen, dünnen Stangenspießen besteht. Ein voll entwickeltes Geweih hat drei bis vier Enden.

### Typisch Reh!

- Nur der Rehbock trägt ein Geweih. Es wird im Oktober oder November abgeworfen und jedes Jahr neu gebildet. In der so genannten Fegezeit im Frühjahr reibt er es an Bäumen, um die Nährhaut zu entfernen und sein Revier zu markieren.
- Die Schnauze ist unbehaart und schwarz mit weißen Lippenflecken an der Seite.
- Der helle Fleck am Hinterteil, der Spiegel, ist im Winter weiß, im Sommer leicht gelblich. Dieses „Rücklicht", das auch im Dämmerlicht noch wahrgenommen werden kann, ist wichtig für den Zusammenhalt des Familienverbands.
- Das Fell ist im Sommer gelblich-rot, im Winter graubraun und dichter.

### SCHON GEWUSST?

**Winterpansen**

Der große Magen des Rehs (Pansen) passt sich der nahrungsarmen Zeit im Winter an. Die Darmzotten an seinen Innenwänden werden länger und helfen dem Tier, die Nahrung besser aufzunehmen und zu verwerten. Das Reh muss deshalb im Winter nur ein Drittel der Nahrungsmenge fressen, die im Sommer erforderlich ist, um satt zu werden.

## Spuren und Fährten

### Fluchtfährte

Rehe machen auf der Flucht Sprünge von bis zu vier Metern Länge! Typisch für das Trittsiegel eines Rehs sind schmale Schalen, die spitz auslaufen. Die Ballen sind sehr kurz.

Kotbohnen bestehen aus größeren Klumpen, die meist seitlich eingedrückt sind.

Trittsiegel

Rechts Vorne

Rechts Hinten

Kotbohnen

Fährte vom Reh

## Auf einen Blick

**Artname:** Sus scrofa
**Familie:** Suidae (Echte Schweine)
**Ordnung:** Artiodactyla (Paarhufer)
**Klasse:** Mammalia (Säugetiere)

# Das Wildschwein

*Winteraktiv*

### Suhlen im Schlamm

Wildschweine kommen bei uns vor allem in feuchten, lichten Laub- und Mischwäldern vor. Die Tiere leben in Familienverbänden (Rotten), die meist aus einem Muttertier und ihren Jungen besteht. Die männlichen Tiere (Keiler) sind Einzelgänger. Tagsüber verstecken sich die „Schwarzkittel", wie man Wildschweine in der Jägersprache nennt, im Dickicht des Waldes. Gern suhlen sie sich im schlammigen Boden um lästige Insekten und Parasiten los zu werden. Nachts ziehen die Allesfresser auf Lichtungen und Äcker und durchwühlen den Boden auf der Suche nach Nahrung.

### Schnüffelnde Allesfresser

Im Frühling, Sommer und Herbst finden Wildschweine leicht Nahrung. Sie fressen Triebe, Würmer, Insektenlarven, Schnecken, Pilze, Eier, Mäuse, Blätter, Früchte, Kräuter und Gräser. Im Winter müssen sie erst die Schneedecke frei scharren und nach Wurzeln, Eicheln oder Bucheckern suchen. Ist der Boden im Winter längere Zeit gefroren, wird es noch schwieriger, etwas Essbares aufzutreiben. Doch Wildschweine sind nicht wählerisch: Sie fressen auch Aas und Abfälle. Außerdem können sie Nahrung auf weite Entfernungen und sogar unter der Erde riechen.

### Typisch Wildschwein!

- Das Fell ist im Winter dunkelgrau bis braunschwarz. Das dichte Winterfell besteht aus langen borstigen Deckhaaren und kurzen feinen Wollhaaren. Das Sommerfell ist heller und wollhaarfrei.
- Von der Stirn bis über den Rücken verläuft ein Kamm langer Borsten. Bei Erregung stellen sie sich auf.
- Frischlinge haben eine hellgelbbraune Tarnfärbung mit vier bis fünf Längsstreifen. Nach drei Monaten verfärbt sich ihr Fell einfarbig bräunlich.

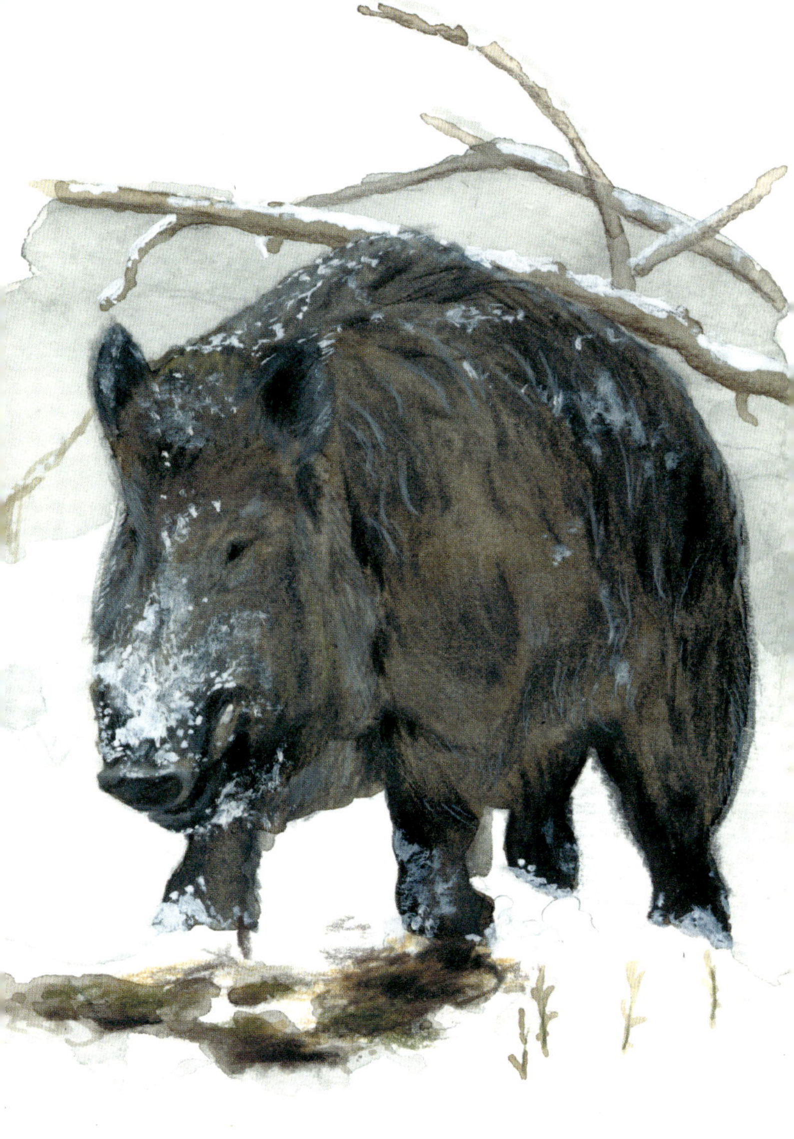

### Paarung im Winter

Wildschweine paaren sich zwischen November und Februar. Treffen in dieser Zeit (Rauschzeit) mehrere Männchen (Keiler) aufeinander, versuchen sie, einander einzuschüchtern und zu vertreiben. Hat keiner der Gegner die Flucht ergriffen, kommt es zu Kämpfen, bei denen sich die Tiere oft schwere Verletzungen zufügen. Der Sieger paart sich mit den Weibchen.

### Frischlinge ab Februar

Vor der Geburt legt das Weibchen (Bache) an einem sonnigen, trockenen Platz ein Nest an, polstert es mit Gras aus und baut eine Art Dach. Etwa sieben Jungtiere (Frischlinge) kommen zwischen März und Mai zur Welt, manchmal aber auch schon im Februar. Nach ein bis drei Wochen verlässt die Bache mit ihren Jungen das Geburtsnest. Die Kleinen sind aber noch sehr empfindlich gegen Nässe und Kälte und sterben, wenn die Lufttemperaturen plötzlich wieder sinken, wenn es andauernd regnet oder schneit.

### Spuren und Fährten

In Wildparks kannst du Wildschweine am besten beobachten. Frei lebend verstecken sie sich tagsüber im Wald, doch sie hinterlassen Spuren. So sind in der Nähe von Suhlen Baumstämme oft mit Schlamm überkrustet und die Rinde abgescheuert, weil sich die Wildschweine nach dem Bad an ihnen reiben.

Trittsiegel Rechts Vorne

Fährte vom Wildschwein

Im Trittsiegel fallen die sichelförmigen Afterklauen auf.

Die Losung ist wurstförmig, einzelne längliche Kotknollen scheinen miteinander verklebt zu sein.

Suhle im Wald

## Auf einen Blick

**Artname:** Vulpes vulpes
**Familie:** Canidae (Hunde)
**Ordnung:** Carnivora (Raubtiere)
**Klasse:** Mammalia (Säugetiere)

# Der Rotfuchs

(Winteraktiv)

### Ruhen im Bau

Der Rotfuchs lebt in Wäldern, auf Grasland und Äckern. Neuerdings dringt er bis in die Vorstädte vor. Auch im Winter, wenn Schnee liegt, sucht er sich draußen im Freien etwas zu fressen. Tagsüber hält er sich in seinem Bau auf. Den legt er meist im Wald an, manchmal nutzt und erweitert er aber auch die unterirdischen Bauten anderer Tiere. Damit er bei Gefahr schnell entkommen kann, gräbt er nicht nur einen Hauptgang, sondern mehrere Flucht- und Nebengänge. Der gesamte Bau dient als Ruheplatz und zur Aufzucht der Jungen (Welpen).

### Nächtlicher Jäger

Das Fuchsrevier, mit Kot und Urin markiert, umfasst fünf bis 20 Quadratkilometer rund um den Bau. Abends und nachts streift er dort auf der Suche nach Beute umher. Seine Hauptnahrung sind Mäuse und andere Nagetiere, aber auch Vögel, kleine Bodentiere, Beeren oder Früchte stehen auf dem Speiseplan. Im Winter frisst er, wenn er hungrig ist, sogar Aas und Abfälle.

## FINNs TIPP!

**Vorsicht, Fuchsbandwurm!**

Kot (Losung) von Fuchs und Dachs niemals anfassen, denn er kann mit winzigen Eiern des gefährlichen Fuchsbandwurms infiziert sein, die im menschlichen Körper eine lebensgefährliche Erkrankung hervorrufen. Der infizierte, trockene Kot kann, wenn er aufgewirbelt wird, auch eingeatmet werden!

Nachdem du Tiere (auch Haustiere) berührt hast, grundsätzlich immer die Hände waschen! Bodennah gesammelte Früchte und Beeren niemals ungewaschen essen! Am besten abkochen, da die Eier des Fuchsbandwurms sehr hitzebeständig sind, auch durch Tiefgefrieren sterben sie nicht ab! Hunde und Katzen, die ebenfalls infiziert sein können, müssen regelmäßig entwurmt werden!

### Typisch Rotfuchs!

- Die Ohren stehen aufrecht wie bei allen Wildhunden.
- Das Fell ist oben rotbraun, unten weißlich. Im Winter wird es dichter.
- Die Beine sind im unteren Teil schwarz.
- Der Schwanz, die Lunte, ist lang und buschig und hat oft eine weiße oder schwarze Spitze.

### Paarung im Winter

Im Januar und Februar ist Fortpflanzungszeit (Ranzzeit). Während dieser Zeit kannst du einen Fuchs, meist das Männchen (den Rüden), auch tagsüber beobachten. Im März oder April werden die Jungen geboren und im Bau vom Weibchen (der Fähe) gesäugt. Der Rüde versorgt die Mutter in dieser Zeit mit Nahrung. Wenn sie einen Monat alt sind, kommen die Welpen erstmals vor den Bau.

Wie niedlich!

### SCHON GEWUSST?

**Überträger der Tollwut**

Füchse können durch Biss gefährliche Viren, die Erreger der Tollwut, übertragen. Deshalb werden in vielen Gebieten Impfköder ausgelegt, die, wenn sie von den Füchsen gefressen werden, vor der Krankheit schützen. Trotzdem gibt es in manchen Gegenden noch immer Tiere, die an Tollwut erkranken. Du erkennst sie daran, dass sie ihre Scheu vor Menschen verlieren und angriffslustig sind. Wenn du von einem Fuchs oder einem Hund gebissen worden bist, geh vorsichtshalber sofort zum Arzt!

### Spuren und Fährten

Das Trittsiegel ist extrem behaart. Die beiden Seitenzehen erreichen (im Unterschied zum Hund) die Ballen der Mittelzehen nur im hinteren Teil.

Fuchskot weist im Winter viele Haare auf.

Trittsiegel Rechts Vorne

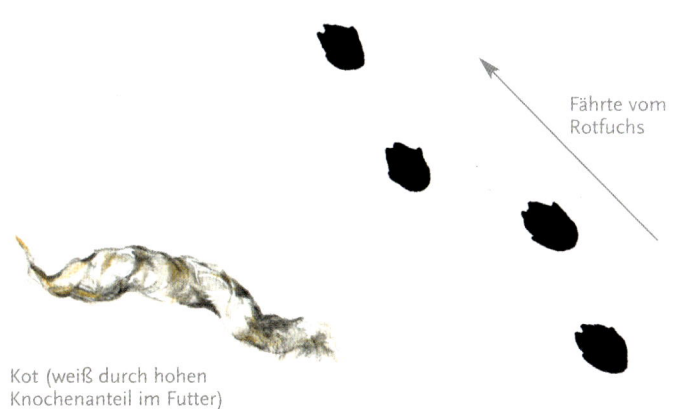

Fährte vom Rotfuchs

Kot (weiß durch hohen Knochenanteil im Futter)

45

## Auf einen Blick

**Artname:** Artname: Meles meles
**Familie:** Mustelidae (Marder)
**Überfamilie:** Canoidea (Hundeartige)
**Ordnung:** Carnivora (Raubtiere)
**Klasse:** Mammalia (Säugetiere)

*Winteraktiv/Winterruhe*

# Der Dachs

### Wohnen im Kessel

Der Dachs lebt in Laub- und Mischwäldern, einzeln, paarweise oder mit der ganzen Familie. Im Boden gräbt er einen röhrenförmigen Bau mit einem Durchmesser von 35 Zentimetern. Unterirdisch dehnen sich die verzweigten Gänge wie ein Labyrinth flächenhaft aus. Luft gelangt über die Ein- und Ausgänge unter die Erde. In etwa fünf Metern Tiefe liegt der Wohnkessel, der mit Laub, Moos oder Farnkraut ausgepolstert wird. Hier lebt meist eine ganze Dachsfamilie und hält sich dort tagsüber auf. Die weiblichen Nachkommen eines Dachspaars bleiben oft lebenslang im elterlichen Bau und graben weitere Kammern. Ein Dachsbau kann so über Jahrzehnte genutzt werden, und jedes Jahr kommen neue Wohnkammern hinzu. In England fand man einen Dachsbau mit 50 Kammern und 178 Eingängen, die durch insgesamt 879 Meter Tunnel miteinander verbunden waren!

### Bei Eiseskälte – Winterruhe

In kalten Gebieten halten Dachse in ihrem Bau Winterruhe, die einige Tage bis mehrere Monate dauern kann. Ab und zu verlassen die Tiere ihren Bau, um etwas zu fressen oder aufs Dachsklo zu gehen.

### Welpen ab Februar

Jungtiere werden meist im Februar oder März geboren. Ein Wurf umfasst zwei bis fünf Dachsjunge (Welpen), die sich aber erst im Juni erstmals aus dem Bau wagen.

### Typisch Dachs!

- Das Gesicht ist weißschwarz gestreift, die Ohrenspitzen sind weiß.
- Das raue Fell ist grau, auf der Unterseite fast schwarz, auf der Oberseite silbrig. Aus den Dachshaaren stellte man früher Bürsten, Rasierpinsel und Malpinsel her.
- Die Vorderfüße tragen lange Krallen, die sich gut zum Graben eignen.

### Gefräßiger Sammler

Dachse sind Allesfresser. Sie jagen nicht, sondern sammeln alles auf, was genießbar ist. Zwei Drittel ihrer Nahrung besteht aus Pflanzen. In der Dämmerung und nachts kommen die Tiere aus dem Bau und suchen nach Essbarem. Im Herbst fressen sie sich ein dickes Fettpolster an. Die Hälfte ihrer Nahrung besteht oft aus Regenwürmern, aber auch Pflanzen, Obst, Wurzeln, Samen, Pilze, Insekten, Schnecken, (Jung)vögel und Mäuse werden verzehrt.

### Ich muss mal!

Der Dachs verrichtet sein Geschäft nicht irgendwo. Er geht aufs Dachsklo. Das ist ein selbst gegrabenes Erdloch, in das er den Kot absetzt. Meist befindet es sich in der Nähe des Baus.

Dachsbau

Erdloch mit Dachskot

## FINNs TIPP!

### Dachs- oder Fuchsbau?

Dachs und Fuchs legen ihre Baue gerne an Waldrändern an. Der Eingang des Dachsbaus ist als „Rutschrinne" angelegt. Die Spuren der Dachskrallen in der Erde sieht man deutlich als Rillen. Im Eingangsloch liegt oft Gras, Laub und Moos, mit denen der Dachs seinen Bau auspolstert.

Vor dem Loch von Fuchsbauten findet man dagegen Erdaushub und Reste von Mahlzeiten. Außerdem riecht es wie im Raubtierhaus. Bei neuen Fuchsbauten ist zudem das Eingangsloch enger als bei Dachsbauten.

### Spuren und Fährten

Der Dachs ist ein Sohlengänger, er tritt also mit der ganzen Fußsohle auf. Die Trittsiegel sind etwa vier bis fünf Zentimeter breit und zeigen die Abdrücke der Krallen deutlich.

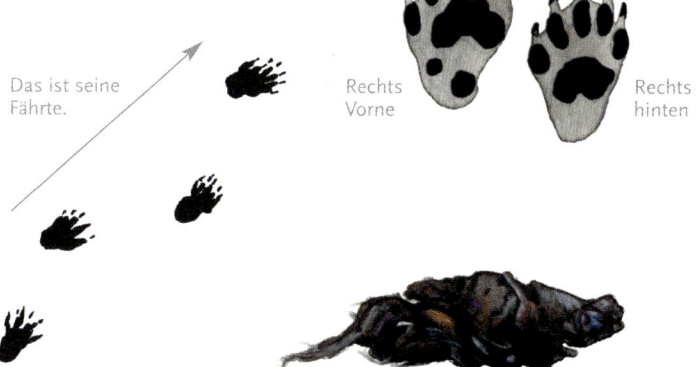

Trittsiegel

Das ist seine Fährte.

Rechts Vorne

Rechts hinten

Dachskot

## Auf einen Blick

**Artname:** Oryctolagus cuniculus
**Familie:** Leporidae (Hasen)
**Ordnung:** Lagomorpha (Hasenartige)
**Klasse:** Mammalia (Säugetiere)

# Das Wildkaninchen

*Winteraktiv*

### Kolonie im Erdbau

Das Wildkaninchen lebt in Kolonien (Gruppen) auf Wiesen oder Feldern. Bei Gefahr verkriechen sich die Tiere in ihre selbst gegrabenen Erdhöhlen. Die unterirdischen Bauten haben meist mehrere Ein- und Ausgänge und können bis zu drei Meter tief und 45 Meter lang sein. Hier wohnen viele Männchen (Rammler) und Weibchen gemeinsam mit ihren Jungen. In der Kolonie, die aus bis zu 100 Tieren bestehen kann, herrscht eine strenge Rangordnung, die durch Kämpfe bestimmt wird. Ranghohe Rammler markieren ihr Revier mit Kot und Urin, vertreiben die anderen Männchen und paaren sich häufiger mit den Weibchen.

### Nachtaktive Hoppler

In Gebieten, in denen sie stark verfolgt werden, kommen Wildkaninchen nachts aus ihrem Bau. Sie bewegen sich hüpfend fort, entfernen sich aber selten weiter als 200 Meter vom Eingang. Im Sommer fressen sie Gräser und Kräuter, im Winter auch Zweige und Rinde. Paarungszeit ist zwischen Februar und August.

### Winterhasser

Regen und Schnee mögen Wildkaninchen gar nicht. Regnet es stark, können die unterirdischen Gänge überschwemmt werden oder sogar einstürzen. Wenn es im Winter schneit, ziehen sich die Tiere tief in ihren Bau zurück, kuscheln sich eng aneinander und bewegen sich kaum, um Energie zu sparen. Bei Nahrungsmangel brauchen sie ihre Fettreserven auf und nehmen stark ab. Sehr kalte, lange und schneereiche Winter überleben aber nicht alle Tiere. Ursprünglich stammen Wildkaninchen nämlich aus Südeuropa (Spanien) und Nordafrika, wo es im Winter selten so kalt wird wie bei uns in Mitteleuropa.

### Typisch Wildkaninchen!

- Die Ohren (Löffel) sind sechs bis acht Zentimeter lang und weit aufgerichtet.
- Die vier Schneidezähne im Oberkiefer wachsen ständig nach und eignen sich zum Nagen. Dennoch zählt das Wildkaninchen nicht zu den Nagetieren!
- Die Augen sitzen seitlich und bieten dem Tier einen großen Rundumblick.
- Das Wildkaninchen kann sehr gut riechen und seine Nasenflügel beim Schnuppern herauf- und herunterziehen.
- Das Fell ist sandfarben bis graubraun und wird im Winter dichter.
- Die Hinterbeine (Hinterläufe) sind nur wenig länger als die Vorderläufe.
- Der Schwanz ist kurz und buschig, auf der Oberseite schwarz, auf der Unterseite weiß. Meist ist er hochgebogen, sodass die weiße Unterseite zu sehen ist. Jäger nennen ihn „Blume".

### Es werden immer mehr!

Wildkaninchen vermehren sich sehr schnell. Fünf- bis siebenmal im Jahr kann ein Weibchen fünf bis sechs Junge bekommen. Zur Geburt legt es eine so genannte Setzröhre an und verschließt sie mit Gras, Blättern und Erde. Die Jungen sind „Nesthocker". Sie haben noch kein Fell und sind blind.

### Vorsicht! Feind naht!

Bei Gefahr pfeifen die Eltern laut und trommeln mit den Hinterbeinen auf die Erde, um die Jungen im Bau zu warnen. Rotfuchs, Greifvögel, Eule, Marder, Wiesel, Iltis und Hermelin fressen nämlich sehr gerne kleine Kaninchen!

---

**SCHON GEWUSST?**

**Stallhasen**

Alle „Stallhasen" und Hauskaninchen, die du als Haustiere halten kannst, stammen vom Wildkaninchen ab! Infos über Pflege und Haltung findest du im Internet unter **www.kaninchen.at** oder unter **www.kaninchenforum.com**.

### Spuren und Fährten

Kot wird häufig an bestimmten Plätzen am Boden, dem Kaninchenklo, abgesetzt.

Im Trittsiegel des Wildkaninchens sind – wie beim Feldhasen – nur vier der fünf Zehen zu erkennen.

Kaninchenkot

Trittsiegel
Rechts Vorne

Die Spur des Wildkaninchens (zum Beispiel im Winter im Schnee) kann man gut erkennen, die kleinen Vorderpfoten werden meist eng nebeneinander gesetzt und davor dann die großen Hinterpfoten weiter auseinander.

Kaninchenspur

# Das Eichhörnchen

**Auf einen Blick**

**Artname:** Sciurus vulgaris
**Familie:** Sciuridae (Hörnchen)
**Ordnung:** Rodentia (Nagetiere)
**Klasse:** Mammalia (Säugetiere)

Winterruhe

### Flinke Kletterer

Eichhörnchen leben in Nadel- und Laubwäldern, aber auch in Gärten und Parks. Die tagaktiven Tiere sind Baumbewohner und klettern flink von Ast zu Ast. Im Winter, wenn die Bäume kahl sind, kannst du sie besonders gut beobachten, denn die Tiere halten keinen Winterschlaf.

Auf die kalte Jahreszeit ist das Eichhörnchen bestens vorbereitet. Schon im Herbst sammelt es Vorräte, versteckt sie in hohlen Baumstämmen oder gräbt sie in der Erde ein. Zwischen Astgabeln auf hohen Bäumen baut es sich aus Zweigen ein Kugelnest (Kobel) mit ein oder zwei seitlichen Eingangslöchern und polstert es innen mit Moos, Gras oder Federn weich aus. Hier werden auch die drei bis acht Jungen geboren und vom Muttertier gesäugt.

### Typisch Eichhörnchen!

- Der buschige Schwanz des Eichhörnchens ist fast genauso lang wie der übrige Körper. Im Winter wärmt er wie eine kuschelige Decke. Beim Sitzen wird er aufrecht gehalten. Beim Springen und Klettern dient er als Steuer, Fallschirm oder Tragetasche für Babys.
- Schon im September werden das rot- bis dunkelbraune Fell und der Schwanz dichter. Im Ohr wachsen lange Haarbüschel, die wie Pinsel aussehen und vor Kälte schützen.
- Mit den kurzen Vorderbeinen und den langen, kräftigen Hinterbeinen können Eichhörnchen bis zu fünf Meter weit springen. Im Winter sind die Fußsohlen behaart. Das wärmt und gibt Halt auf vereisten Ästen.
- Beim Klettern hält sich das Eichhörnchen mit seinen scharfen Krallen fest und kann so sogar mit dem Kopf nach unten einen Baumstamm hinabklettern.

### Ausruhen im Kobel

Bei Regen und Schnee oder an sehr kalten Frosttagen verkriecht sich das Eichhörnchen in seinen trockenen und warmen Kobel und schläft viel. Dabei rollt es sich ein und wickelt den buschigen Schwanz wie eine Decke um sich. Doch ab und zu muss es seinen gemütlichen Ruheplatz verlassen und zur Nahrungssuche auf den Boden klettern. Nicht immer findet es seine Vorräte wieder!

Kobel mit eingerolltem Eichhörnchen

## FINNs TIPP!

**Prima Eichhörnchen-Köder!**

Wenn du in eurem Garten ein Schälchen mit Futter auslegst, kannst du Eichhörnchen anlocken und vom Fenster aus mit dem Fernglas beim Klettern, Springen und Fressen beobachten.

Als Köder am besten geeignet sind Hasel- und Walnüsse. Das Eichhörnchen knabbert außerdem sehr gerne Eicheln, Bucheckern und Samen aus Zapfen.

Als Allesfresser nascht es im Sommer auch Beeren oder vertilgt Insekten, im Frühjahr klaut es nicht selten ein Vogelnest.

Nüsse knackt das Eichhörnchen in zwei Teile. Zuerst wird ein Loch genagt und mit den unteren Nagezähnen gespreizt. Und das bleibt nach der Mahlzeit übrig! Der Fichtenzapfen, an dem es genagt hat, sieht ziemlich zerfetzt aus.

Das ist die Spur eines Eichhörnchens im Schnee.

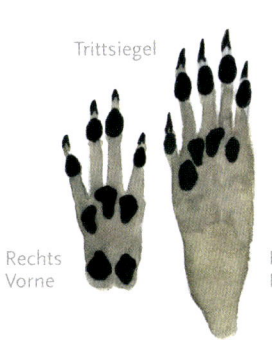

Trittsiegel

Rechts Vorne

Rechts Hinten

57

## Der Siebenschläfer

**Auf einen Blick**

**Artname:** Glis glis
**Familie:** Gliridae (Bilche)
**Ordnung:** Rodentia (Nagetiere)
**Klasse:** Mammalia (Säugetiere)

(Winterschlaf)

### Nachtaktive Baumbewohner

**Der Siebenschläfer ist ein Baumbewohner, der in Laubwäldern, Streuobstwiesen und Gärten lebt. Nachts turnen die Tiere auf hohen Bäumen herum, tagsüber schlafen sie in ihrem Nest, in alten Eichhörnchenkobeln, in geschützten Baum- oder Erdhöhlen, aber auch in Scheunen oder auf Dachböden.**

### Fett schmeckt lecker

Die Nahrung des Siebenschläfers besteht aus Knospen, Rinde, Früchten, Bucheckern, Eicheln, Haselnüssen und ölhaltigen Samen. Ab und zu werden auch Insekten oder Vogeleier vertilgt. Im Herbst bevorzugt der Siebenschläfer fetthaltige Nahrung (z. B. Nüsse). Er frisst sich ein dickes Fettpolster an und erreicht oft das Doppelte seines Sommergewichts.

### Winterschlaf im Nest

Mitte Oktober bis Mai hält der Siebenschläfer Winterschlaf. Er verkriecht sich in seinem Schlafnest und liegt sieben Monate lang zusammengerollt im Nest auf dem Rücken, den Schwanz wie eine Decke über Bauch und Kopf gehüllt. In dieser Zeit nimmt er keine Nahrung auf, sondern lebt von seinen Fettreserven.

### Typisch Siebenschläfer!

- Der Siebenschläfer ist mit 16 Zentimetern Körperlänge und 13 Zentimetern Schwanzlänge kleiner als das Eichhörnchen.
- Auch bei Dämmer- und Mondlicht kann er mit den großen nach außen gewölbten Augen prima sehen.
- Die sechs Zentimeter langen Tasthaare helfen ihm, sich im Dunkeln zurechtzufinden.
- Sein Fell ist an der Oberseite gelblich-grau, unten weiß.
- Der Schwanz ist lang und buschig. Lange Kletterzehen und Haftballen mit einem klebrigen Sekret an den Füßen sind praktisch beim Klettern.

### Endlich wach!

Im Mai/Juni, wenn die Außentemperaturen auf 20° Celsius steigen, erwacht der Siebenschläfer aus dem Winterschlaf. Er ist ganz schön dünn geworden und hat die Hälfte seines Herbstgewichts verloren. Jetzt braucht er dringend Futter!

### Vorsicht, Katze naht!

Hauptfeinde des Siebenschläfers sind Waldkäuze oder Eulen, aber auch der Baummarder und die Hauskatze stellen den Siebenschläfern nach.

### Körpertemperatur und Herzschlag

**FINNs TIPP!**

Weißt du, welche Körpertemperatur du hast, wenn du gesund bist? Mit einem Thermometer kannst du deine Körpertemperatur messen. Wahrscheinlich liegt sie zwischen 36,5 und 37° Celsius, auch, wenn du gerade aus der Kälte kommst.

Der Siebenschläfer passt seine Körpertemperatur im Winterschlaf der Außentemperatur an. Meist sinkt sie auf Temperaturen zwischen 9° Celsius und 1° Celsius ab. Wir wären bei diesen Temperaturen schon längst erfroren! Sinkt die Außentemperatur unter den Gefrierpunkt, stellt sich im Körper des Siebenschläfers eine gleich bleibende Temperatur von 0,2° Celsius ein. Das Tier atmet nur noch zweimal pro Minute, das Herz schlägt nur noch dreimal pro Minute.

Wie oft schlägt dein Herz in der Minute? Halte deine Hand ans Herz, schau auf die Uhr und zähle!

### SCHON GEWUSST?

Mit dem Siebenschläfertag (27. Juni) hat das Tier nichts zu tun. Die Siebenschläfer waren vielmehr sieben junge Christen, die sich im Jahr 251 bei einer Verfolgung unter dem römischen Kaiser Decius (249 – 251) in einer Berghöhle in Ephesos (einem Ort in der Türkei) in Sicherheit brachten. Dort wurden sie entdeckt, eingemauert und sollen 195 Jahre lang geschlafen haben. Am 27. Juni 446 wurden sie zufällig entdeckt, wachten auf, um den Glauben an die Auferstehung der Toten zu bezeugen, und starben wenig später. Diese Legende hat der Bischof Gregor von Tours (538 – 594), ein fränkischer Geschichtsschreiber, erstmals ins Lateinische übersetzt.

## Auf einen Blick

**Artname:** Castor fiber
**Familie:** Castoridae (Biber)
**Ordnung:** Rodentia (Nagetiere)
**Klasse:** Mammalia (Säugetiere)

# Der Biber

*Winterruhe*

### Leben in der Wasserburg

Der Biber lebt in der Nähe von Gewässern. Sein Revier umfasst eine Uferlänge von einem bis fünf Kilometern. An Land bewegt er sich nur unbeholfen fort, doch er kann super schwimmen und bei Gefahr bis zu 20 Minuten lang tauchen. Beim Schwimmen ragt sein Kopf aus dem Wasser, beim Tauchen verschließt er Nase und Ohren. Aus abgenagten Ästen, Zweigen und Schlamm baut er am Ufer eine Burg mit Wohnröhre. Stets liegt der Eingang unterhalb der Wasseroberfläche. Oft legen die Tiere in Bächen Dämme an, um diese aufzustauen und einen hohen Wasserstand rund um den Bau zu sichern. Im Winter kann man die Biberburg gut erkennen, denn jetzt ist sie nicht von wuchernden Grünpflanzen verdeckt.

### Paarung im Winter

In der Biberburg lebt die ganze Familie: Bibermama, Biberpapa, die neugeborenen Jungen und die Jungen des Vorjahres. Die Paarung findet im Januar und Februar im Wasser statt. Bis zu vier Junge werden im Mai geboren. Der Nachwuchs kann bald schwimmen und verlässt erst im Alter von zwei Jahren die Familie, um ein neues Revier zu gründen.

### Typisch Biber!

- Die Nagezähne des Bibers sind bis zu dreieinhalb Zentimeter lang, acht Millimeter breit und mit einer dicken orangeroten Schmelzschicht versehen. Sie wachsen ständig nach.
- Der Schwanz des Bibers, Kelle genannt, ist unbehaart und von einer lederartigen Haut bedeckt. Er dient als Steuer beim Abtauchen, zur Ablagerung von Fettreserven und zur Regulierung der Körpertemperatur.
- Das braune Fell schützt vor Nässe und Kälte. Der Biber reinigt und pflegt es regelmäßig mit einer öligen Flüssigkeit, dem Bibergeil (Castoreum), mit dem er auch sein Revier markiert. Es wird in den Analdrüsen gebildet, die zwischen dem After und den Geschlechtsteilen liegen.
- Seine Vorderbeine kann der Biber geschickt wie Hände benutzen und zum Beispiel Zweige halten, um dann mit den Zähnen die Rinde abzuschälen.
- Die Hinterfüße tragen zwischen den Zehen Schwimmhäute. An den zweiten Zehen befindet sich eine Doppelkralle zum Striegeln des Fells („Putzkralle").

Trittsiegel

Rechts Vorne

Rechts hinten

### ▰ SCHON GEWUSST?

Biberfell ist ganz besonders dicht. Auf dem Rücken wachsen auf einem Quadrat-zentimeter (etwa Daumennagelgröße) 12.000 Haare, am Bauch sogar 23.000 Haare pro Quadratzentimeter! Zum Vergleich: Ein Mensch hat auf dem Kopf auf einem Quadratzentimeter nur 300 Haare!

Hilfe! Baum kippt um!

### Wintervorrat

Biber sind Pflanzenfresser. Im Sommer ernähren sie sich von jungen Baumtrieben, Wasser- und Uferpflanzen, im Winter von Baumrinde. Weichhölzer wie Weiden schälen sie besonders gerne ab. Im Herbst lagern die Tiere nahe vor dem Eingang der Burg Zweige und Äste als Wintervorrat ab. Im Winter, wenn das Wasser rund um die Burg gefriert, kuschelt sich die Familie in den Bau und ruht sich aus. Wenn eines der Tiere hungrig ist, kann es die gelagerten Äste unter dem Eis erreichen und die Rinde fressen.

## FINNs TIPP!

### Biberspuren

Baumstämme mit einem Durchmesser von bis zu einem Meter nagt der Biber in der bekannten Sanduhrform an. Je nach Holzhärte kann ein Biber in einer Nacht einen bis zu 50 Zentimeter dicken Baum fällen. Beim Nagen steht der Biber, gestützt durch seinen Schwanz, aufrecht vor dem Baum. Da er nachtaktiv ist, kann man den Nager aber nur selten auf frischer Tat ertappen. Spuren kannst du jedoch leicht entdecken!

### SCHON GEWUSST?

Mit bis zu 1,40 Metern Körperlänge (einschließlich Schwanz) ist der Biber nach dem südamerikanischen Wasserschwein das zweitgrößte Nagetier der Welt. Der 2,50 Meter große eiszeitliche Riesenbiber ist inzwischen ausgestorben.

## Auf einen Blick

**Artname:** Talpa europaea
**Familie:** Talpidae (Maulwürfe)
**Ordnung:** Insectivora (Insektenfresser)
**Klasse:** Mammalia (Säugetiere)

# Der Maulwurf

*Winteraktiv*

### Schneller Gräber und Erdwerfer!

Der Maulwurf ist ein Bodenbewohner. Außerhalb der Paarungszeit lebt er als Einzelgänger in Wiesen, Feldern, Laubwäldern und Gärten. Zehn bis 50 Zentimeter unter der Erde gräbt er weit verzweigte Laufröhren, Jagdgänge, Schlaf- und Vorratskammern, und erweitert sie ständig. Aus dem Aushubmaterial entstehen an der Erdoberfläche die kleinen Maulwurfshügel, die du bestimmt schon oft gesehen hast. In den bis zu 200 Meter langen, innen geglätteten Gängen bewegt er sich sehr flink und erreicht dabei eine Geschwindigkeit von bis zu 67 Metern pro Minute (vier Kilometer pro Stunde). Seine Nahrung besteht aus Regenwürmern, Insekten, Insektenlarven und Schnecken.

### Flucht in die Tiefe

Bei Minustemperaturen im Winter, aber auch bei großer Trockenheit im Sommer, gräbt sich der Maulwurf 50-60 Zentimeter tief in die Erde und lebt von den Nahrungsvorräten, die er in seinen Vorratskammern abgelegt hat. Regenwürmern beißt er die ersten beiden Segmente ab, sodass sie zwar am Leben bleiben, nun aber nicht mehr fliehen können, weil sie die Orientierung verloren haben. Doch die Vorräte reichen nicht immer, um den Maulwurf während der kalten Jahreszeit mit Nahrung zu versorgen. Bei lang anhaltendem Bodenfrost übersteht er den Winter oft nicht.

### Wühlmaus- oder Maulwurfshügel?

**FINNs TIPP!**

Weißt du, wie du Wühlmaushügel und Maulwurfshügel auseinander halten kannst? Wühlmaushügel sind flacher und unregelmäßiger als Maulwurfshügel. Die Gänge sind bei der Wühlmaus eiförmig, beim Maulwurf rund.

### Typisch Maulwurf!

- Der Maulwurf wird bis zu 16 Zentimeter lang. Sein Körper ist walzenförmig, der Hals kurz.
- Das Fell ist schwarz, dicht und kurz. Es hat keinen Strich. Dadurch kann der Maulwurf in seinen Gängen leicht rückwärts und vorwärts laufen.
- Mit dem Rüssel schiebt er überschüssiges Erdmaterial nach oben und wirft es seitlich neben die Gänge.
- Die Augen sind klein und schwarz und können nicht besonders gut sehen. Ohrmuscheln fehlen. Die Ohrgänge können mit einer Hautfalte geschlossen werden, damit keine Erdkrümel hineinfallen.
- Die Vorderfüße sind zu Grabschaufeln umgebildet. Bis zu sieben Meter pro Stunde kann der Maulwurf graben!

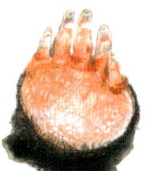

Vorderfuß

### SCHON GEWUSST?

Der Maulwurf frisst täglich so viel, wie er wiegt (80-120 Gramm). Pflanzen knabbert er aber niemals an. Weil er viele Schadinsekten vertilgt, ist er im Garten ein Nützling. Wühlmäuse sind dagegen Pflanzenfresser und im Garten nicht gerade beliebt. Um die Nager abzuwehren, kann man Kräuter und Sträucher setzen, deren Geruch Wühlmäuse nicht mögen, die sie „nicht riechen" können. Dazu gehören Kaiserkrone, Knoblauch, Wolfsmilch, Hundszunge oder Schwarze Johannisbeere. In die Gänge kannst du Nussbaumblätter, Knoblauchzehen oder Fischköpfe legen, das mögen sie auch nicht. Schräg eingegrabene Flaschen sollen angeblich einen Pfeifton erzeugen, der den Wühlmäusen unangenehm ist und sie vertreibt.

# Der Igel

**Auf einen Blick**

Artname: Erinaceus europaeus
Familie: Erinaceidae (Igel)
Ordnung: Insectivora (Insektenfresser)
Klasse: Mammalia (Säugetiere)

*Winterschlaf*

### Stacheliger Insektenfresser

Der Igel lebt in Landschaften, die durch Bäume, Büsche und Hecken gegliedert sind. Häufig ist er an Waldrändern, in Streuobstwiesen, Gärten, Friedhöfen und Parks zu beobachten. Die Tiere verbergen sich tagsüber zwischen Baumwurzeln, in hohlen Baumstämmen, verlassenen Tierbauten und Felsspalten. In der Dämmerung und nachts werden die Einzelgänger aktiv und gehen auf Nahrungssuche. Die Hauptnahrung besteht aus Regenwürmern, Insekten und deren Larven, Tausendfüßern, seltener Schnecken. Im Spätsommer frisst der Igel besonders viel, damit sein Fettpolster bis zum Winter dick ist.

### Winterschlaf im Igelnest

Wenn es im November kalt wird, sucht er sich einen Schlafplatz, um zu überwintern. Im Garten verkriecht er sich in einem Versteck (z. B. in Laub- und Reisighaufen), baut sich dort ein kugelförmiges Schlafnest aus Gras und Moos, rollt sich ein und schläft bis April. Seine Körpertemperatur sinkt von 35° Celsius auf unter 10° Celsius ab. Sein Herz schlägt statt 200-mal pro Minute nur fünfmal pro Minute. Wird es draußen wärmer als 15° Celsius, wacht er wieder auf.

### Typisch Igel!

- Das Gebiss besteht aus 36-44 Zähnen. Die Augen sind rund und klein, die Ohren fast ganz im Fell verborgen.
- Gesicht und Bauchseite sind mit einem graubraunen Fell bedeckt.
- Kopfoberseite und Rücken sind mit insgesamt etwa 16.000 Stacheln bedeckt. Diese sind etwa 20 Millimeter lang und 1 Millimeter dick, Wurzel und Spitze weiß gefärbt, dazwischen bräunlich-schwarz gebändert. Bei Gefahr rollt sich das Tier zu einer stacheligen Kugel zusammen.
- Die Beine sind kurz, wobei die Hinterbeine etwas länger als die Vorderbeine sind. Die Füße tragen fünf Zehen mit Krallen.

## FINNs TIPP!

### Igel in Not?

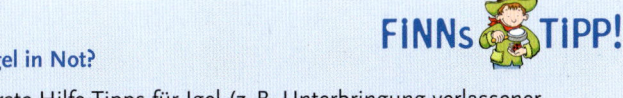

Erste-Hilfe-Tipps für Igel (z. B. Unterbringung verlassener Igelbabys in Gehegen) erfährst du bei der Igel-Hotline des Bundesverbands Pro Igel e.V.; **Telefon 0180-5555-9551**; **Fax 0180-5555-9554**; oder unter **www.igelhilfe.de**

# Die Zwergfledermaus

**Auf einen Blick**

**Artname:** Pipistrellus pipistrellus
**Familie:** Vespertilionidae (Glattnasen)
**Ordnung:** Chiroptera (Fledertiere)
**Klasse:** Mammalia (Säugetiere)

*Winterschlaf*

## Schlafen mit dem Kopf nach unten

Die Zwergfledermaus war ursprünglich ein Felsbewohner. Heute lebt sie vor allem in Dörfern und Städten. Tagsüber halten sich die weiblichen Tiere gruppenweise in engen Mauerspalten oder hinter Fensterläden auf. Mit zusammengefalteten Flughäuten und den Hinterzehen an der Decke festgekrallt ruhen sie sich mit dem Kopf nach unten hängend aus. Die Männchen schlafen meist einzeln. Nachts fliegen die Tiere in ihr Jagdrevier und fangen Insekten im schnellen Zickzack-Flug über Teichen und Flüssen, an Waldrändern, in Gärten, auf Obstwiesen und um Straßenlaternen. Eine einzige Zwergfledermaus kann in einer Nacht 1.000–2.000 Mücken vertilgen und frisst sich im Verlauf des Sommers ein dickes Fettpolster an.

## Winterschlaf in Spalten

Im September, kurz nach der Paarung, sucht sich die Zwergfledermaus ein Winterquartier in Mauerspalten, Kirchen, Kellern oder Felsspalten und hält Winterschlaf. Meist rücken die Tiere in Spalten, Rissen und Löchern eng zusammen. Die Körpertemperatur passt sich der Umgebungstemperatur an und sinkt auf 3-5° Celsius. Das Herz schlägt nur noch 15-26-mal in einer Minute. Auch Atempausen von bis zu 90 Minuten sind typisch für den Winterschlaf der Zwergfledermaus.

---

### SCHON GEWUSST?

**Bat-Detektor**

Fledermäuse jagen und orientieren sich in der Nacht mit Ultraschall. In ihrem Kehlkopf erzeugen sie (für uns Menschen unhörbare) Ultraschall-Rufe. Diese werden von Hindernissen (z. B. Beutetieren) reflektiert (zurückgeworfen) und als Echo von den großen Ohrentrichtern eingefangen. „Bat-Detektor" nennt man ein Gerät, das die Ultraschallrufe in für uns hörbare Laute umwandelt. Du kannst damit Fledermäuse bei der Jagd aufspüren und erkennen. Denn jede Fledermausart hat ihre eigenen, artspezifischen Rufe.

## Typisch Zwergfledermaus!

- Mit zusammengefalteten Flügeln ist die Zwergfledermaus nur so groß wie eine Streichholzschachtel und wiegt dreieinhalb bis sieben Gramm – kaum mehr als zwei Stück Würfelzucker!
- Das Fell ist an der Oberseite dunkelbraun, an der Unterseite gelblich bis graubraun. Es besteht nur aus einer Haarart, Wollhaare sind nicht ausgebildet. Die schwarzbraune Flughaut ist unbehaart, dehnbar und fest.
- Die Flügel sind schmal und erreichen ausgebreitet eine Flügelspannweite von 20 Zentimetern.
- Die kleinen schwarzen Augen sind nur so groß wie Stecknadeln.
- Die Füße sind nach hinten gerichtet und tragen Krallen. Mit ihnen kann sich das Tier an die Decke von Höhlen hängen.

## FINNs TIPP!

### Schütze die Zwergfledermaus!

- Schlafende Tiere im Dachstuhl oder Keller nicht stören. Beim Aufwachen verbrauchen sie nämlich einen Großteil ihrer Fettreserven, die dann nicht mehr für den ganzen Winter reichen.
- Einfluglöcher an Häusern möglichst offen lassen! Bereits ein fingerbreiter Spalt genügt den Tieren als Einschlupfloch. Besonders gern werden Hohlräume hinter Wandverkleidungen aus Eternit, Holz oder Schindeln angenommen.
- Wie man Fledermauskästen baut, die von den Tieren als Quartiere genutzt werden können, erfährst du unter: **www.fledermausschutz.de** oder **www.fledermausschutz.ch**

# Der Waldkauz

**Auf einen Blick**

**Artname:** Strix aluco
**Familie:** Strigidae (Eulen)
**Ordnung:** Strigiformes (Eulen)
**Klasse:** Aves (Vögel)

Winteraktiv

## Lautloser Jäger der Nacht

Lebensraum des Waldkauzes sind Laub- und Mischwälder, er besiedelt aber auch Nadelwälder, Parkanlagen und Gärten. Als Brutplätze nutzt er Baumhöhlen, Nistkästen, Felsnischen, Mauerlöcher und andere ungestörte Winkel in Gebäuden. Wie alle Eulen fliegt er völlig geräuschlos. In der Dämmerung und nachts jagt er an Waldrändern und auf Wegen im Suchflug seine Beute, die aus Mäusen, Vögeln, Fröschen, Käfern und Regenwürmern besteht. Oft sitzt er auch auf einem Baum und wartet auf die Geräusche seiner Beutetiere. Hat er ein Tier erwischt, knetet er es zwischen den Fängen, um es leichter verdaulich zu machen und verschlingt es im Ganzen mit dem Kopf voran. Größere Beute wird auch zerkleinert.

## Typisch Waldkauz!

- Der Waldkauz wird knapp 40 Zentimeter lang.
- Der runde Kopf trägt keine Ohrbüschel und ist um 270° drehbar. Der kräftige Schnabel ist gekrümmt. Mit den großen, dunklen, starr nach vorne gerichteten Augen kann er auch in der Dämmerung und nachts sehr gut sehen.
- Das Gefieder weist eine rindenartige Tarnfärbung in grau oder rotbraun auf. An der Oberseite ist es samtartig weich.
- Die Flügel sind kurz, breit und gerundet. Die Außenkanten der äußeren Schwungfedern haben einen sägeartigen Rand, so dass der Waldkauz lautlos fliegen kann.
- Wie alle Eulen hat der Waldkauz mit scharfen Krallen besetzte Greiffüße (Fänge), mit denen er die Beute erfasst und tötet. Die vierte Zehe ist als „Wendezehe" ausgebildet, d. h. sie kann nach vorn und hinten gedreht werden.

### Paarung im Winter

Als Standvogel bleibt der Waldkauz das ganze Jahr in seinem Brutgebiet und verbringt den Winter hier bei uns. Tagsüber hält er sich verborgen in Astgabeln hoher dichter Bäume auf und verlässt seinen Ruheplatz nur, wenn er gestört wird oder friert. Bei Kälte plustert er sein Gefieder auf. Balz- und Paarungszeit ist im Winter. Die Jungen schlüpfen im Frühjahr aus den Eiern.

### Brüten in der Baumhöhle

Nach der Paarung beziehen die Weibchen oft schon im Februar eine Bruthöhle, legen dort drei bis fünf Eier ab und bebrüten sie. Das Männchen schafft die Nahrung herbei. Nach einem Monat schlüpfen die Jungen, die von den Eltern gefüttert werden. Die Jungvögel sind ab Mai flügge und geben einen Bettelruf („Piuwick") von sich. Waldkauz-Paare bleiben übrigens lebenslang zusammen!

## FINNs TIPP!

### Rufe und Spuren

In der Balzeit zwischen November und März kannst du nachts den heulenden Ruf des Waldkauz-Männchens hören („Huh-Huhuhu-Huuuh"). Die Weibchen antworten mit „kjuwiik".

Die unverdaulichen Beutereste (z. B. Knochen, Haare, Federn) werden im Magen zu rundlichen, filzigen Ballen zusammengepresst und als so genannte Gewölle wieder ausgewürgt. Man findet sie häufig auf und unter Bäumen, die als Ansitzwarten dienen.

## Auf einen Blick

**Artname:** Buteo buteo
**Familie:** Accipitridae (Habichtartige)
**Ordnung:** Falconiformes (Greifvögel)
**Klasse:** Aves (Vögel)

# Der Mäusebussard

*Winteraktiv*

### Geschickter Beutegreifer

**Der Mäusebussard brütet und schläft in größeren Laub- und Nadelwäldern. Die angrenzenden Wiesen, Äcker und Felder nutzt er als Jagdrevier. Seine Beute besteht vor allem aus Mäusen, aber auch Kriechtiere, Frösche, Jungvögel, Kaninchen und große Insekten mag er gern. Meist jagen die Tiere von einem Ansitz aus im Gleitflug und ergreifen die Beute mit den Fängen.**

### Balzzeit im Februar

Während der Balzzeit im Frühling, oft schon im Februar, suchen die Tiere das Brutrevier vom letzten Jahr wieder auf. Das Paar kreist stundenlang im Gleitflug darüber. Das Männchen fliegt während der Balz oft kräftig rudernd durch die Luft oder führt Sturzflüge durch. Gemeinsam baut das Paar in zehn bis 20 Metern Höhe auf Bäumen, meist in Waldrandnähe oder an Lichtungen, ein großes Nest (Horst) aus groben Ästen, Reisig, Gräsern, Laub, Baumrinde, Mulm, Moos und Tierhaaren. Nach der Paarung legt das Weibchen Ende März bis Ende April zwei bis vier Eier, die Jungtiere werden bis in den Sommer von ihren Eltern versorgt.

Der Mäusebussard schwebt oft stundenlang in großen Kreisen am Himmel und gibt dabei ein miauendes „Wjieä" von sich. Im Segelflug sind die Flügel v-förmig angehoben, die Flügelspitzen aufwärts gebogen.

Wie alle Greifvögel würgt der Mäusebussard feste, unverdauliche Teile wie Haare oder Chitinpanzer der Insekten als Gewölle durch den Schnabel aus.

### Auf der Lauer

Den Winter verbringen unsere Mäusebussarde im Brutgebiet. Nur bei sehr tiefen Temperaturen, Dauerfrost und lang anhaltender Schneedecke zieht ein Teil des Bestands für einige Zeit in wärmere Gebiete ab. Grund dafür ist nicht die Kälte, sondern der Nahrungsmangel. Liegt Schnee, verkriechen sich die Hauptbeutetiere (Mäuse) nämlich in unterirdische Gänge und sind nicht mehr sichtbar. Der Mäusebussard versucht stattdessen geschwächte Rebhühner oder Fasane zu fangen, nicht immer erfolgreich. In Straßennähe kannst du die Mäusebussarde, die bei uns überwintern, am besten beobachten. Mit aufgeplustertem Gefieder sitzen sie auf Pfosten oder Bäumen am Straßenrand und halten nach Beute Ausschau. Mit den scharfen Augen nehmen sie selbst kleinste Bewegungen in großer Entfernung wahr. Sehr oft schnappen sie sich einfach tote Tiere, die von Autos überfahren wurden.

### Typisch Mäusebussard!

- Der ausgewachsene Mäusebussard ist 50-58 Zentimeter lang.
- Mit dem kräftigen, hakenförmigen Schnabel kann er die Beute in kleine Stücke reißen.
- Sein Gefieder ist meist graubraun, auf der Unterseite heller, mit dunklen Tropfenflecken in den ersten Jahren, später ganz unterschiedlich gezeichnet und gefärbt.
- Die Füße (Fänge) tragen lange Zehen mit kräftigen, gebogenen Krallen, mit denen die Beute ergriffen und getötet wird.

### FINNs TIPP!

**Wo ruft der Katzenadler?**

Charakteristisch für den Mäusebussard ist sein miauender hi-äh-Ruf. Im Volksmund heißt er deshalb auch „Katzenadler". Hörst du ihn?

## Auf einen Blick

**Artname:** Turdus merula
**Familie:** Turdidae (Drosseln)
**Ordnung:** Passeriformes (Sperlingsvögel)
**Klasse:** Aves (Vögel)

# Die Amsel

*Winteraktiv*

### Winterhart und zutraulich

**Die Amsel war ursprünglich ein reiner Waldbewohner. Seit rund 200 Jahren besiedelt sie auch Parks und Gärten und hat ihre Scheu vor Menschen verloren. Nahrung findet sie am Boden, im Winter fliegt sie aber auch gern ans Futterhäuschen. Im Herbst und Winter frisst sie vor allem Beeren und weiche Früchte. Bei Kälte und Schnee zieht sich die Amsel an ein windgeschütztes Plätzchen zurück und plustert ihr Gefieder kugelförmig auf. Der Schnabel wird tief ins Gefieder eingezogen und wirkt nun ganz kurz. Die Füße sind zwar kalt, aber weiterhin gut durchblutet und durch eine Art Wärmeaustauscher vor Erfrieren geschützt. Wird es draußen noch kälter, versucht die Amsel durch „Kältezittern" ihre Körpertemperatur aufrecht zu erhalten.**

### Typisch Amsel!

- Amselmännchen haben ein tiefschwarzes Gefieder, die Weibchen sind dunkelbraun mit verschwommen gefleckter Unterseite.
- Die Augen des Männchens tragen einen schmalen, orangegelben Augenring. Der Schnabel ist bei den Männchen goldgelb und bei den Weibchen braungelb.

## FINNs TIPP!

### Amselgesang

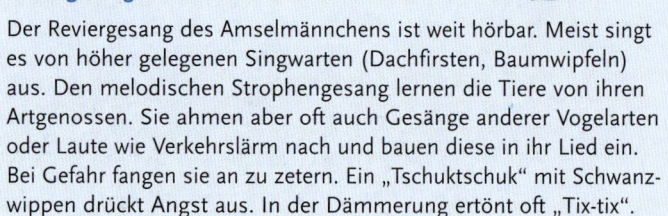

Der Reviergesang des Amselmännchens ist weit hörbar. Meist singt es von höher gelegenen Singwarten (Dachfirsten, Baumwipfeln) aus. Den melodischen Strophengesang lernen die Tiere von ihren Artgenossen. Sie ahmen aber oft auch Gesänge anderer Vogelarten oder Laute wie Verkehrslärm nach und bauen diese in ihr Lied ein. Bei Gefahr fangen sie an zu zetern. Ein „Tschuktschuk" mit Schwanzwippen drückt Angst aus. In der Dämmerung ertönt oft „Tix-tix".

### Schwarz gefiederter Sänger

Die Gesänge der Amselmännchen kann man manchmal schon an milden Spätwintertagen im Januar oder Februar hören. Doch erst zur Brutzeit (Frühling bis Spätsommer) bezieht das Amselpaar ein Revier. Das Männchen vertreibt alle anderen Amseln, die sich dorthin wagen. Manchmal kommt es dabei auch zu Kämpfen und Verfolgungsjagden.

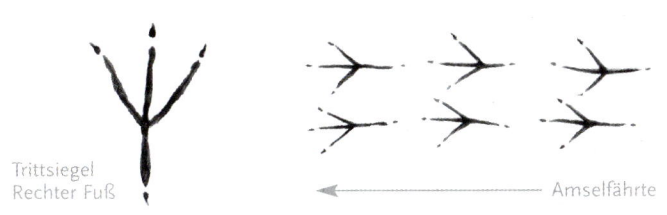

Trittsiegel
Rechter Fuß

Amselfährte

## FINNs TIPP!

### Prima Futter für Weichfresser

Die Amsel zählt zu den Weichfressern, genauso wie Sing- und Wacholderdrossel, Rotkehlchen, Seidenschwanz und Haubenlerche. Weichfresser ernähren sich von Früchten, Beeren und Samen von Holunder, Eberesche, Liguster, Mehlbeere, Schneeball, Efeu, Pfaffenhütchen, Weißdorn und Wildrose. Aber auch Rosinen, Haferflocken, zerquetschte Hanf-, Weizen- und Sonnenblumenkörner, ungesalzener, gekochter Reis, Äpfel und Birnen werden gerne angenommen.

**Nicht vergessen:** Nur dann Futter auslegen, wenn Dauerfrost herrscht oder Schnee liegt. In der Zeit vor November und nach Februar herrscht in der Natur meist kein Nahrungsmangel!

# Die Kohlmeise

**Auf einen Blick**

Artname: Parus major
Familie: Paridae (Meisen)
Ordnung: Passeriformes (Sperlingsvögel)
Klasse: Aves (Vögel)

*Winteraktiv*

### Hüpfend auf Nahrungssuche

**Die Kohlmeise lebt in Wäldern, aber auch in Gärten und Parks. Sie ernährt sich im Sommer hauptsächlich von Insekten, im Herbst und Winter von Samen und Nüssen. Zur Nahrungssuche hüpft sie am Boden herum, klettert an der Rinde entlang und hängt auch manchmal kopfüber an den unteren Zweigen von Bäumen. Im Winter halten sich Kohlmeisen tagsüber oft an Futterstellen auf. Sehr gern mögen sie ungeröstete, ungesalzene Erdnüsse oder Sonnenblumenkerne. Bei Kälte suchen sie ein windgeschütztes Plätzchen und plustern ihr Gefieder kugelförmig auf.**

### Brut- und Schlafplatz in der Höhle

Ihr Nest legt die Kohlmeise in Baumritzen, Mauerhöhlen oder Nistkästen meist in einer Höhe von drei bis fünf Metern an. Es ist napfförmig, besteht aus Moos, Flechten und Halmen und wird innen oft mit Tierhaaren fein ausgelegt. Im Winter dient es nachts als kuscheliger Schlafplatz in der Höhle. Zweimal im Jahr, zwischen März und Juni, legt das Weibchen dort die Eier ab und brütet sie aus. Aus den sechs bis 12 Eiern schlüpfen nach etwa zwei Wochen die Jungvögel, die von beiden Eltern gefüttert werden.

### Typisch Kohlmeise!

- Das Gefieder ist an der Unterseite gelb mit schwarzem Längsband über Brust und Bauch. Bei den Männchen ist es dunkler und am Bauch breiter als bei den Weibchen. Am Kopf sind Scheitel, Kehlfleck und Kragen schwarz, die Wangenflecken sind weiß.
- Der Schnabel ist schwarz und kurz.

### Vogelstimmen

**FINNs TIPP!**

Vogelstimmen kannst du dir im Internet unter **www.vogelstimmentrainer.de** anhören. Bald weißt du, welche Stimme zu welcher Vogelart gehört und kannst die Gesänge draußen in der freien Natur wieder erkennen!

### „Zizibäh, zizibäh!" „Ti-tü, Ti-tü!"

Die Gesänge der Männchen sind schon an sonnigen Spätwintertagen im Februar zu hören. Sie sind sehr abwechslungsreich und laut. Jedes Männchen hat seine eigene Strophe und Geschwindigkeit. Immer wieder hört man auch ein buchfinkenähnliches „pink, pink" und „Fi-tüü".

### Prima Meisenfutter

**FINNs TIPP!**

**Nur mit Hilfe eines Erwachsenen! Vorsicht: Verbrühungsgefahr!**

**Du brauchst:** einen Topf, 250 Gramm Kokosfett, 200 Gramm Haferflocken oder Weizenkleie, eine Hand voll zerkleinerte Haselnüsse, 2 Teelöffel Leinsamen, mehrere gebrauchte Kunststoffnetze (z. B. Knoblauchnetze aus dem Gemüsehandel), Bindfaden, Schere

1. Erhitze das Kokosfett in einem Topf, bis es schmilzt. Stelle die Temperatur aber nicht zu hoch ein, sonst spritzt das Fett, und du kannst dich verbrennen!
2. Rühre Haferflocken oder Weizenkleie in das flüssige Fett.
3. Rühre die zerkleinerten Haselnüsse ein und lasse die Flüssigkeit auskühlen.
4. Forme aus dem lauwarmen, zähflüssigen Futterbrei faustgroße Kugeln und wickle sie in jeweils ein Kunststoffnetz.
5. Schnüre das Kunststoffnetz mit einem Stück Bindfaden zu und hänge den Meisenknödel an einen geeigneten Platz (z. B. draußen im Garten an den Ast eines Baums oder unter das Futterhäuschen.)

# Der Buntspecht

**Auf einen Blick**

**Artname:** Dendrocopos major
**Familie:** Picidae (Spechte)
**Ordnung:** Piciformes (Spechtvögel)
**Klasse:** Aves (Vögel)

*Winteraktiv*

### Fleißiger Zimmermann

Der Buntspecht lebt in Laub- und Nadelwäldern, in Parks, Alleen und Gärten mit Baumgruppen. Außerhalb der Brutzeit ist er Einzelgänger. Wie alle Spechte bewegt er sich kletternd und hüpfend vorwärts und fliegt meist nur kurze Strecken. Nachts zieht er sich zum Schlafen in eine Schlafhöhle zurück, die er in alten morschen Bäumen selbst zimmert.

### Geschickter Nussknacker

Die Nahrung besteht im Sommer aus Insekten und ihren Larven, die er mit seinem Schnabel unter der Baumrinde herauszieht. Im Winter stellt er seine Ernährung um und frisst vor allem Nüsse, Beeren und Samen. Hartschalige Nahrung (z. B. Nüsse oder Kiefernzapfen) klemmt er zum Knacken in Baumspalten ein, die man „Spechtschmieden" nennt. Wenn Schnee liegt, kommt er auch gern ans Futterhaus und schnappt sich Nüsse oder Kleie in Pflanzenfett, die die Menschen dort ausgelegt haben.

### Typisch Buntspecht!

- Das Gefieder ist am Rücken schwarzweiß, am Bauch gelblich-grau und unter dem Schwanz rot.
- Beide Geschlechter haben einen gelblichen Stirnfleck, Männchen einen roten Genickfleck und Jungtiere einen roten Scheitel. Die Wangen sind weiß gefärbt.
- Mit dem kantigen Meißelschnabel kann der Buntspecht Baumhöhlen zimmern und Insekten aus der Baumrinde holen. Die Nasenlöcher des Buntspechts sind mit feinen Federn überwachsen und halten das Sägemehl ab, das beim Hämmern entsteht. Der keilförmige Schwanz dient als Stütze beim Klettern. Die kurzen Füße tragen paarig gestellte Zehen mit kräftigen Krallen, von denen zwei nach vorn und zwei nach hinten gerichtet sind.

### Trommelkunst im Winter

Die Balzzeit beginnt im Dezember. Um Weibchen anzulocken und das Brutrevier abzugrenzen, trommelt das Männchen mit dem Schnabel auf hohle Baumstämme, tote Äste oder Fernsehantennen. Meist sind es zehn bis 15 Schnabelschläge, die nur zwei Sekunden dauern. Besonders oft hört man sie im Februar. Nach der Paarung baut das Spechtpaar im März gemeinsam eine 30-50 Zentimeter tiefe Bruthöhle, in die das Weibchen im April bis zu sieben Eier legt. Schon nach achteinhalb bis neun Tagen schlüpfen die Jungen.

### Voll behämmert!

Kopfschmerzen bekommt der Buntspecht beim Hämmern nicht. Der Spechtschnabel ist nämlich so gebaut, dass die Kraft des Schlages abgefangen wird. Die knöcherne Hülle des Gehirns ist verstärkt, und zwischen Schnabel und Schädel befindet sich eine Art Stoßdämpfer.

## FINNs TIPP!

### Spechtschmiede

In seiner Spechtschmiede, d. h. in einem Astloch, einer Astgabel oder einem Rindenspalt, klemmt der Buntspecht seine Nahrung (z. B. Zapfen, Nüsse, Bucheckern, Eicheln) fest und zerhackt sie. Oft findet man am Fuß von Baumstämmen Spuren wie zerfledderte Fichtenzapfen. Schau dir den Baumstamm genau an, vielleicht entdeckst du die Schmiede!

## Auf einen Blick

**Artname:** Anas platyrhynchos
**Familie:** Anatidae (Entenvögel)
**Ordnung:** Anseriformes (Gänsevögel)
**Klasse:** Aves (Vögel)

# Die Stockente

*Winteraktiv*

### Winterharter Wasservogel

Stockenten schwimmen auf Seen, Teichen, Weihern oder langsam fließenden Flüssen. Auch in Parkgewässern mitten im Stadtgebiet kommen sie vor. Im Winter halten sie sich tagsüber am liebsten im offenen Wasser auf, denn dort ist es wärmer als an Land. Wenn die Lufttemperaturen unter −15° Celsius fallen, fängt die Ente an zu zittern, um ihre Körpertemperatur aufrecht zu erhalten. Nachts verzieht sie sich an ein geschütztes Plätzchen am Ufer und ruht sich mit aufgeplustertem Gefieder aus.

### Köpfchen in das Wasser, Schwänzchen in die Höh'!

Die Nahrung der Stockente ist überwiegend pflanzlich. Sie frisst Samen, Früchte, Wasser-, Ufer- und Landpflanzen. Zusätzlich vertilgt die Stockente aber auch Insekten und deren Larven, Schnecken, Würmer, kleine Krebse, Laich, Kaulquappen oder kleine Fische. Bei der Futtersuche „gründeln" die Tiere: Sie tauchen mit dem Kopf ins Wasser, der Schwanz ragt senkrecht nach oben. Mit ihrem Schnabel beißen sie Pflanzenteile ab und drücken das Wasser, das sie mit der Nahrung aufgenommen haben, durch die siebartigen Hornleisten des Schnabels nach draußen. Die Nahrung wird zurückgehalten und geschluckt.

### Typisch Stockente!

- Die Stockente ist etwa 58 Zentimeter lang mit einer Flügelspannweite von bis zu 95 Zentimetern. Sie kann mit einer Geschwindigkeit von bis zu 110 Kilometern in einer Stunde fliegen.
- Am Hinterrand der Flügel befindet sich ein metallisch blaues, weiß gesäumtes Band, der „Spiegel", den man bei ausgebreitetem Flügel besonders gut erkennen kann.
- Männchen (Erpel) und Weibchen (Ente) sind unterschiedlich gefärbt. Das Weibchen ist unauffällig braungrau gemustert. Das Männchen hat im Prachtkleid ein hellgraues Gefieder mit brauner Brust und grün glänzendem Kopf. Zwischen Juli und August trägt es ein Schlichtkleid und ist vom Weibchen nur durch den gelben Schnabel zu unterscheiden.
- Das Gefieder besteht aus Daunen und Deckfedern, die vor Nässe und Kälte schützen. Die Tiere fetten es regelmäßig mit dem Schnabel ein, damit es wasserabstoßend wird. Das Fett stammt aus einer Drüse (Bürzeldrüse) an der Schwanzwurzel.

### SCHON GEWUSST?

**Vogelgrippe**

Vogelgrippe ist eine ansteckende Tierseuche. Sie wird hervorgerufen durch Viren und befällt Vögel (vor allem Wasservögel). Auf andere Tiere und Menschen wird die Vogelgrippe nur sehr selten übertragen. Trotzdem sind Vorsichtsmaßnahmen wichtig:

Niemals tote Vögel anfassen! Niemals Federn, Gewölle oder Kot von Vögeln anfassen! Nach dem Spaziergang vorsichtshalber immer die Hände gründlich mit Wasser und Seife waschen, vor allem bevor du etwas isst!

### Kalte Füße? Macht nichts!

Enten haben im Winter eiskalte Füße und frieren trotzdem nicht. Ein Netz aus feinen Blutadern hilft ihnen dabei. So genannte Arterien, in denen das warme Blut vom Körper in die Füße fließt, liegen dabei eng neben Venen, die das kalte Blut von den Füßen zurück in den Körper führen.

Die Adern funktionieren wie ein Wärmeaustauscher. Das 40° warme Blut aus dem Körper wird abgekühlt, bevor es unten in den Füßen anlangt. Dadurch ist der Wärmeverlust geringer. Und das kalte Blut von den Füßen, das zurück in den Körper fließt, wird aufgeheizt, bevor es oben ankommt.

Trittsiegel
Rechter Fuß

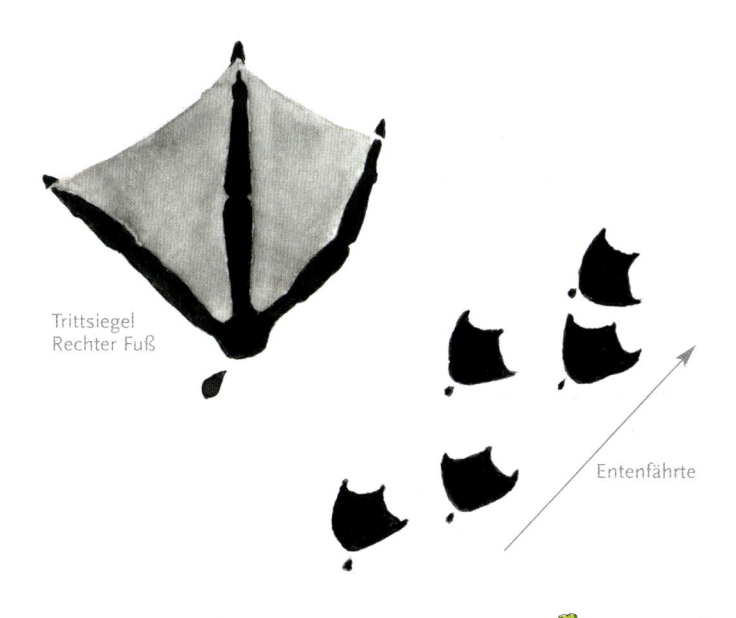

Entenfährte

## FINNs TIPP!

**Wasservögel im Winter füttern**

Wasservögel muss man im Winter nicht füttern. Nur wenn Schnee liegt und die Gewässer über weite Strecken zugefroren sind, kannst du, wenn du die Tiere beobachten möchtest, kleine Mengen von Futter auslegen. Aber nicht zu viel, sonst friert es ein und wird unbrauchbar!

Bitte verfüttere niemals Speisereste und verschimmeltes Brot. Schneide altbackenes Brot in Würfel. Brot ist allerdings nicht das optimale Futter für Wasservögel, denn es enthält nicht alle Nährstoffe, die die Tiere brauchen. Besser sind: Getreide, Kleie, Eicheln, weiche, klein geschnittene Kartoffelstücke. In Zeiten der Vogelgrippe sollte man mit der Entenfütterung besonders vorsichtig sein, da sich beim Füttern immer viele Vögel ansammeln und sich so gegenseitig leicht anstecken können. Und du kannst in Entenkot treten und ihn mit den Schuhen nach Hause tragen.

## Auf einen Blick

**Artname:** Alcedo atthis
**Familie:** Alcedinidae (Eisvögel)
**Ordnung:** Alcediniformes (Eisvogelartige)
**Klasse:** Aves (Vögel)

# Der Eisvogel

*Winteraktiv*

### Fliegender Fischer

**Der Eisvogel kann nur an Gewässern leben. Seine Nahrung besteht aus Fischen, Wasserinsekten, Larven, Kleinkrebsen und Kaulquappen, die er im klaren Wasser jagt. Wenn das Wasser trüb ist, zum Beispiel nach starken Regenfällen im Frühjahr, kann er seine Beute nicht sehen und hat Probleme, etwas Essbares zu erwischen. Im Winter kann er nur überleben, wenn Bäche, Weiher und Seen nicht ganz zugefroren sind.**

### Balzzeit im Januar und Februar

Im Januar und Februar ist Balzzeit des Eisvogels. Dann versucht das Männchen das Weibchen zu beeindrucken, indem es ihm Fische anbietet. Gebrütet wird zwischen Ende März und Ende April. Bis dahin muss das Paar einen geeigneten Brutplatz am Steilufer eines langsam fließenden und stehenden Gewässers gefunden haben.

### Typisch Eisvogel!

- Der Eisvogel wird bis zu 18 Zentimeter lang.
- Sein Auge kann über 150 Bewegungen in einer Sekunde wahrnehmen. (Der Mensch sieht nur 50 Bewegungen in einer Sekunde!)
- Mit dem langen spitzen Schnabel kann er Fische schnappen und mitunter wie mit einem Dolch aufspießen.
- Das Gefieder an Kopf und Flügel ist auf der Oberseite grünblau, die Unterseite ist rotbraun gefärbt. Rücken und Schwanz sind hellblau, Brust und Bauch rotorange. An Kehle und auf Ohrhöhe befinden sich weiße Flecken. Männchen und Weibchen unterscheiden sich äußerlich kaum von einander.

### SCHON GEWUSST?

**Noch mehr Eisvögel**

Nicht alle Eisvögel sind Vögel! Der Kleine Eisvogel (Limenitis camilla) und der Große Eisvogel (Limenitis populi) sind Schmetterlinge (Tagfalter).

## Stoßjagd

Im Winter, wenn die Bäume kahl sind, kannst du den Eisvogel auf einer Sitzwarte besonders gut beobachten. Oft sitzt er auf einem über dem Wasser hängenden Ast und lauert auf Beute. Hat er einen Fisch entdeckt, stürzt er sich kopfüber ins Wasser und taucht unter. Kleine Beutestücke pickt er mit dem Schnabel auf und verschluckt sie sofort. Größere Fische packt er in der Mitte oder spießt sie mit geschlossenem Schnabel auf. Dann fliegt er mit seiner Beute zur Sitzwarte, schüttelt den Fisch gegen einen Ast, wendet ihn und verschluckt ihn mit dem Kopf zuerst.

## FINNs TIPP!

### Eisvogel-Pfeifen

Der Eisvogel ist kein Singvogel. In der Balzzeit im Februar wirst du also vergeblich darauf warten, dass das Männchen singt. Doch wenn Eisvögel schnell über die Wasseroberfläche fliegen, geben sie oft einen lauten, durchdringenden, hohen Pfiff von sich, der so ähnlich klingt wie eine Hundepfeife: „Tiht"! Achte mal darauf! Zur Balzzeit hört man manchmal auch hohe, trillernde Strophen.

## Auf einen Blick

**Artname:** Bufo bufo (Erdkröte)
**Familie:** Bufonidae (Kröten)
**Ordnung:** Anura (Froschlurche)
**Klasse:** Amphibia (Lurche)

# Die Erdkröte

*Winterstarr*

### Tagsüber gut versteckt

**Erdkröten leben in Wäldern, Streuobstwiesen, Parks oder Gärten. Tagsüber ruhen die Tiere unter Steinen, Holz, Laub, im Gebüsch oder in Erdlöchern. In der Dämmerung und nachts gehen sie auf Nahrungssuche und fressen Würmer, Schnecken, Asseln, Spinnen und Insekten.**

### Regungslos im Unterschlupf

Erdkröten sind wie alle Amphibien wechselwarme Tiere. Ende Oktober suchen sie sich einen frostsicheren Unterschlupf, um dort zu überwintern. Sie graben sich in der Erde ein, verkriechen sich unter Laub oder in Baumstümpfen und verfallen bis Ende Februar in Winterstarre. In diesem Zustand sind alle Lebensvorgänge gedrosselt. Wenn die Minustemperaturen nicht zu lange andauern, erwachen die Tiere aus ihrer Starre sobald es draußen wärmer wird.

### Typisch Erdkröte!

- Erdkröten sind zwischen neun und elf Zentimeter lang, die Weibchen sind viel größer als die Männchen.
- Die graue bis rotbraune Oberseite ist von warzigen Hautdrüsen bedeckt. Die Unterseite ist bei beiden Geschlechtern schmutzigweiß und dabei durchgehend grauschwarz gesprenkelt.
- Am Hinterkopf befinden sich Drüsen, die Hautgifte absondern.
- Die Hinterbeine sind kurz.
- Die Männchen tragen zur Paarungszeit an jeweils drei inneren Fingern so genannte Brunstschwielen.

### Quäck, quäck!

Mit den Rufen teilen die Erdkröten-Männchen ihren Artgenossen mit, dass sie Männchen sind. Manchmal klettert ein Erdkrötenmännchen zur Paarung versehentlich auf ein Männchen, das sofort einen Abwehrruf von sich gibt: „Lass das bitte!" „Kleiner Irrtum, sorry!"

### Amphibien-Rufe

Die Rufe unserer heimischen Frösche und Kröten kannst du dir unter **www.amphibienschutz.de** aus dem Internet herunterladen und anhören. Bald kannst du die Tiere anhand ihrer Lautäußerungen unterscheiden!

**FINNs TIPP!**

### Krötenwanderung

Im Februar/März, wenn es draußen wieder wärmer wird, erwachen die Erdkröten aus der Winterstarre. Sobald die Luft über 4° Celsius warm ist und meist wenn es regnet, wandern sie zu ihren Laichgewässern, um dort ihre Eier abzulegen.

Aus den besamten Eiern entwickeln sich im Wasser schwarze Kaulquappen, die sich in lungenatmende vierbeinige Kröten verwandeln und an Land gehen.

### SCHON GEWUSST?

**Überwinterung im Wasser**

Einige Lurcharten, wie zum Beispiel der Grasfrosch, können auch in Schlammlöchern oder im Wasser überwintern. Hier ist es nämlich etwa 4° Celsius warm und damit nicht so kalt wie draußen an der Luft. Dem Gasfrosch macht es nichts aus, wenn die Wasseroberfläche zufriert. Obwohl er Lungen hat, ertrinkt er in seinem Winterquartier nicht, denn die kleinen Mengen an Sauerstoff, die er aus dem Wasser über die Mundschleimhäute und die Haut aufnimmt, reichen im Zustand der Winterstarre aus, um zu überleben.

# Die Zauneidechse

**Auf einen Blick**

**Artname:** Lacerta agilis (Zauneidechse)
**Familie:** Lacertidae (Echte Eidechsen)
**Ordnung:** Squamata (Schuppenkriechtiere)
**Klasse:** Reptilia (Kriechtiere)

Winterstarr

### Sonneliebend

**Zauneidechsen sind Reptilien (Kriechtiere), die ebenso wie Amphibien zu den wechselwarmen Tieren zählen. Sie leben auf gehölzarmen, besonnten Flächen. Du kannst sie zum Beispiel an trockenen Waldrändern, auf Lichtungen, Brachfeldern, Bahndämmen, Heideflächen, Dünen, in Steinbrüchen oder Kiesgruben finden. Meist bewegen sie sich am Boden, können aber auch gut auf Mauern klettern. Nachts und bei starker Hitze finden die Tiere Unterschlupf unter Steinen oder Holzstapeln. Tagsüber jagen sie Insekten und deren Larven, Spinnen oder Asseln. Bevor sie auf Nahrungssuche gehen, nehmen sie meist ein Sonnenbad.**

### Frostsicheres Quartier

Wenn es Ende September kühler wird, suchen sich Zauneidechsen in Erdlöchern und Spalten ein frostsicheres Quartier und fallen bis Ende März/Anfang April in Winterstarre. Sobald es im März allmählich wärmer wird, bewegen sich die Tiere wieder, kommen aus ihrem Versteck und häuten sich.

### Typisch Zauneidechse!

- 24 Zentimeter lang kann die Zauneidechse werden, ohne Schwanz ist sie neun Zentimeter lang.
- Wie bei allen Reptilien ist die Haut mit Hornschuppen besetzt. Die Rücken- und Schwanzmitte weist oft ein „leiterartiges" Zeichnungsmuster auf. Oberkopf, Schwanz und Gliedmaßen sind bräunlich. Während der Paarungszeit sind die Männchen an Kopf-, Rumpf- und den Bauchseiten grün gefärbt. Die Unterseite ist bei den Weibchen gelblich, bei den Männchen grün mit schwarzen Flecken.
- Die vier kurzen Beine tragen jeweils fünf bekrallte Zehen.

Frostsicheres Versteck

### Feinde

Greifvögel, Rabenvögel, Stare, Fasane, Amseln, Marder, Füchse, Igel und Schlingnattern machen Jagd auf die Zauneidechse. Bei Gefahr kann sie den Schwanz abwerfen, der weiter zuckt und den Verfolger ablenkt. So kann die Zauneidechse entkommen. Ihr Schwanz wächst später allmählich wieder nach.

## FINNs TIPP!

**Lesesteinmauern – Überwinterungsplätze für Eidechsen**

Eidechsen vertilgen Schadinsekten und sind deshalb nützlich. Sie siedeln sich auch in abwechslungsreich gestalteten Naturgärten an, aber nur, wenn dort auf den Einsatz von Pflanzenschutzgiften verzichtet wird. In Lesesteinmauern finden sie Unterschlupf, Sonnenplätze und Überwinterungsquartiere. Die Mauer aus Natursteinen sollte möglichst nach Süden ausgerichtet sein, damit oft die Sonne darauf scheint. Wenn die Mauern durch Maschendrahtgitter vor Katzen geschützt sind, können sich die Eidechsen hier im Frühling und Sommer tagsüber sonnen und ab Herbst in den Spalten überwintern.

# Frühlingsboten

### Zurück von einer langen Reise

**Nach der Wintersonnenwende am 21. Dezember werden die Tage allmählich wieder länger und wir freuen uns über jeden Sonnenstrahl. Oft kehren schon im Februar die ersten Zugvögel aus ihrem Überwinterungsquartier im Süden zu uns zurück. Bald beginnt bei vielen Vogelarten die Brutzeit. Spechte, Kiebitz, Elster und Feldlerche fangen schon mal an zu balzen.**

Der Kiebitz mit seinem Federschopf auf dem Kopf ist leicht zu erkennen. Sein Nest legt er am Boden an. Die Kuwitt-Rufe der Männchen sind auf Äckern und Feldern nur noch selten zu hören, denn bei uns gibt es leider nicht mehr so viele Kiebitze wie früher.

Im Singflug mit trillerndem Gesang grenzt das Männchen der Feldlerche sein Brutrevier ab. Im Frühjahr beginnt der Bodenbrüter mit dem Nestbau.

## FINNs TIPP!

### Gesänge am Morgen

Vögel können das ganze Jahr über Laute von sich geben. Besonders schön singen Vögel während der Balz- und Brutzeit, die bei jeder Art unterschiedlich ist. Die meisten unserer heimischen Vogelarten brüten im Frühsommer und singen bei schönem Wetter in den frühen Morgenstunden. Bei starkem Wind oder Regen hört man sie seltener. Wenn du beobachten willst, wie sich die Tiere während der Brutzeit verhalten, musst du also früh aufstehen! Am besten morgens zwischen vier und sechs Uhr!

### Aufwachen! Heraus aus dem Winterversteck!

Die meisten unserer heimischen Insekten sind schon vor Einbruch des Winters gestorben. Nur ihre Eier oder Larven haben im Boden, in Spalten und Ritzen, hohlen Pflanzenstängeln oder unter der Rinde von Bäumen überlebt. Die wenigen Tierarten, die als ausgewachsene Insekten überwintern, haben meist ein Frostschutzmittel im Blut. Das verhindert, dass die Körperflüssigkeit bei Minustemperaturen gefriert. Viele haben sich an kältesichere Plätze verkrochen und überwintern dort. An warmen Februartagen kommen sie heraus aus ihrem Versteck.

Der Zitronenfalter klammert sich im Winter an einen Zweig und bleibt dort in Kältestarre. Sogar Temperaturen von −20° Celsius kann er überleben. Oft schon Ende Februar erwacht er wieder. Doch bevor er losfliegen kann, muss er erst noch Wärme tanken.

In den Blüten von Krokussen oder Schneeglöckchen kannst du im Frühling dicke Hummeln beobachten. Es sind junge Hummelköniginnen, die eingegraben im Boden überwintert haben. Bald werden sie ein Nest anlegen und einen Hummelstaat gründen.

# Glossar – Schwierige Wörter, einfach erklärt!

**Art:** Eine Art ist eine Fortpflanzungsgemeinschaft. Wenn ein Tiermännchen und ein Tierweibchen zusammen Junge kriegen können, kann man fast immer sicher sein, dass beide derselben Art angehören. Meistens sehen die Vertreter einer Art fast gleich aus und verhalten sich ähnlich. Bei der Amsel, einer Vogelart, haben die Männchen z. B. ein schwarzes Federkleid und singen ähnlich. Der Hund, eine Säugetierart, bellt. Aber schau mal den Pudel deiner Nachbarin an. Dann vergleiche ihn mit einem Bernhardiner oder einem Mops oder einem Dalmatiner. Körpergröße, Kopfform und Fell sind völlig unterschiedlich. Trotzdem gehören alle drei zur selben Art, weil sie sich miteinander paaren und fruchtbare Junge kriegen können. Dackel, Pudel, Mops und Schäferhund sind Rassen derselben Art. Jede in der freien Natur wild lebende Art ist an einen Lebensraum angepasst. Manche leben im Wald, andere in der Wüste. Wird der Lebensraum einer Art zerstört, stirbt die Art aus.

**Artenschutz:** Unter Artenschutz versteht man alle Maßnahmen, die der Erhaltung einer Art dienen und die verhindern, dass die Art ausstirbt; wenn man Arten schützen will, muss man ihre Lebensräume schützen und ihre Verfolgung einstellen

**Atmung:** Aufnahme von Sauerstoff aus Luft oder Wasser und Abgabe von Kohlendioxid; in den Körperzellen werden unter Sauerstoffverbrauch Stoffe zur Energiegewinnung abgebaut

**Balz:** Paarungsvorspiel bei Tieren, bei dem meist das Männchen um das Weibchen wirbt; viele Tiere haben dabei eine Balztracht, d. h. einen Körperschmuck, der beim Balzen eingesetzt wird

**Brunftzeit:** Paarungszeit in der Jägersprache, auch „Brunst" genannt

**dämmerungsaktiv:** Tiere, die in der Dämmerung (Übergangszeit zwischen Tag und Nacht) aktiv werden und nach Nahrung suchen

**Deckung:** Zufluchtsorte, die Schutz vor Feinden bieten (z. B. durch Büsche, Bäume, Felsen, Mauern, Erdlöcher)

**Detritus:** halb zersetzte Teile von toten Pflanzen und Kleintieren

**Duftmarken:** Körperflüssigkeiten, die von Tieren aus Duftdrüsen abgesondert und an bestimmten Punkten (z. B. zur Abgrenzung des Reviers) abgesetzt werden

**Echo:** Rückschall, zurückgeworfener Schall von Wänden, Felsen, Gebäuden usw.

**Energie:** Kraft, Fähigkeit eines Körpers, Arbeit zu verrichten

**Fährte:** Fußabdruck von Wildtieren auf dem Boden

**Familie:** Stufe in der biologischen Systematik (Ordnung der Arten und ihrer Verwandtschaftsbeziehungen); eine Familie fasst mehrere ähnliche und miteinander verwandte Gattungen zusammen

**Fortpflanzung:** Vermehrung innerhalb einer Art; ein Männchen und ein Weibchen einer bestimmten Art bekommen Junge und haben sich damit fortgepflanzt

**Gattung:** Stufe in der biologischen Systematik (Ordnung der Arten und ihrer Verwandtschaftsbeziehungen); eine Gattung enthält eine oder mehrere Arten

**Gefrierpunkt:** die Temperatur, bei der eine Flüssigkeit in den festen Zustand übergeht; bei 0° Celsius gefriert Wasser zu festem Eis, also ist 0° Celsius der Gefrierpunkt des Wassers

**Gewebe:** Verband aus gleichartigen Körperzellen (z. B. Haut, Muskeln, Nerven)

**Humus:** die oberen Bodenschichten, die aus abgestorbenen Pflanzenresten, toten Tieren, Kot usw. bestehen

**infiziert:** angesteckt von Krankheitserregern

**Kohlenstoffdioxid:** CO2, chemische Verbindung aus Kohlenstoff und Sauerstoff; farb- und geruchloses Gas, natürlicher Bestandteil der Luft, entsteht bei der Verbrennung von kohlenstoffhaltigen Dingen, wenn genügend Sauerstoff vorhanden ist (bei Mangel entsteht Kohlenmonoxid); wir atmen Kohlenstoffdioxid aus

**Kolonie:** Verband von Lebewesen derselben Art, die für eine bestimmte Zeit oder dauernd (meist auf engem Raum) zusammenleben

**Labyrinth:** Irrgarten

**Larven:** Jugendform, die anders aussieht als das ausgewachsene Tier

**Lebensvorgänge:** Vorgänge, die nur für Lebewesen typisch sind, wie Ernährung, Atmung, Stoffwechsel, Fortpflanzung

**markieren:** kennzeichnen

**Paarung:** Begattung, geschlechtliche Vereinigung eines männlichen und eines weiblichen Tiers; wird das Ei des Weibchens vom Samen des Männchens befruchtet, kann ein Junges heranwachsen

**Rangordnung:** Vorherrschen kraftvoller Tiere in einer Gruppe, die den anderen überlegen sind; ranghohe Tiere haben sich meist im Kampf durchgesetzt und gegenüber anderen Gruppenmitgliedern Vorrechte oder Vorteile (Sie bekommen z. B. mehr Futter oder dürfen sich häufiger paaren)

**Raureif:** gefrorener Wasserdampf, der sich in Bodennähe auf Büschen und Bäumen als schneeähnlicher Belag absetzt

**Regulierung:** Regelung, Ordnung

**Revier:** Gebiet, auf das ein Tier Anspruch erhebt und das es verteidigt; das Revier kann durch Duftmarken oder durch Lautäußerungen (z. B. Gesang) markiert werden

**Sauerstoff:** O2, chemisches Element, farb-, geruch- und geschmackloses Gas in der Luft oder im Wasser; auch wir atmen Sauerstoff ein und können ohne ihn nicht leben

**Segment:** Körperabschnitt eines gegliederten Tiers (z. B. Ringelwürmer, Gliedertiere)

**Sitzwarte:** Ansitzwarte, ein meist erhöhter Platz (z. B. ein Baum, ein Ast, ein Pfosten), auf dem ein Tier sitzt und die Umgebung beobachtet

**Stoffwechsel:** Aufnahme, Transport und chemische Umwandlung von Stoffen in einem Lebewesen (z. B. Atmung, Ernährung, Verdauung) sowie Ausscheidung von Stoffen (z. B. Urin, Kot)

**Strich:** Ausrichtung faseriger Körperoberflächen (zum Beispiel Grundrichtung im Fell eines Tieres)

**Trittsiegel:** Abdruck eines einzelnen Fußes in einer Fährte

**Ultraschall:** Schallwellen mit Schwingungszahlen (Frequenzen) oberhalb der menschlichen Hörgrenze (20 kHz)

**Viren:** mikroskopisch kleine Krankheitserreger, Teilchen in Form von Nukleinsäuren, die in Lebewesen eindringen und sich dort vermehren

**Wochenstuben:** Höhlen und andere Plätze, in denen Fledermäuse ihre Jungen zur Welt bringen und säugen

**Wurf:** Menge der Nachkommen, die ein Muttertier bei einem Geburtsvorgang gebärt

**Zelle:** kleinste lebensfähige Einheit; jedes Lebewesen besteht aus mindestens einer Zelle. Pflanzen und Tiere („Mehrzeller") bestehen oft aus Milliarden von Zellen, die im Körper Gewebe mit bestimmten Aufgaben (z. B. Hautgewebe) bilden

# Ab nach draußen!

**Passend zum Buch:**

**Dynamo-Taschenlampe**
€ 6,95*
Artikel-Nr.: 9624

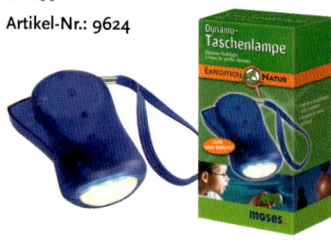

**Profi-Taschenfernglas**
€ 19,95*
Artikel-Nr.: 9614

**Ebenfalls in dieser Reihe erschienen:**

**Jeder Titel**
€ 7,95 (D), € 8,20 (A)
96 Seiten
mit Fotos und
naturalistischen Illustrationen

Entdeckungen an Bach & Teich — ISBN 978-3-89777-569-5 
Insekten, Spinnen & Co. — ISBN 978-3-89777-491-9 
Tierkinder — ISBN 978-3-89777-490-2 
Mit der Becherlupe auf Entdeckertour — ISBN 978-3-89777-349-3 
Tiere bei Nacht entdecken — ISBN 978-3-89777-492-6 
Tierspuren & Fährten — ISBN 978-3-89777-371-4 
Auf Entdeckungstour an Strand & Küste — ISBN 978-3-89777-423-0 
Unser Sternenhimmel — ISBN 978-3-89777-424-7 
Auf Entdeckungstour im Wald — ISBN 978-3-89777-468-1 
Wind & Wetter — ISBN 978-3-89777-467-4 
Heimische Vögel beobachten — ISBN 978-3-89777-489-6 
Orientierung in der Natur — ISBN 978-3-89777-348-6

*unverbindliche Preisempfehlung